ERP 沙盘模拟实训教程

主　编：马爱艳　蒋志辉　翟少红
副主编：徐爱勤　姜福怀

U0838535

中国商业出版社

图书在版编目（CIP）数据

ERP 沙盘模拟实训教程/马爱艳，蒋志辉，翟少红主编. —北京：中国商业出版社，2023.3

ISBN 978-7-5208-2437-8

Ⅰ. ①E… Ⅱ. ①马… ②蒋… ③翟… Ⅲ. ①企业管理— 计算机管理系统—高等学校—教材 Ⅳ. ①F270.7

中国国家版本馆 CIP 数据核字（2023）第 037595 号

责任编辑：聂立芳
策划编辑：张　盈

中国商业出版社出版发行
（www.zgsycb.com　100053　北京广安门内报国寺 1 号）
总编室：010-63180647　编辑室：010-63033100
发行部：010-83120835/8286
新华书店经销
北京银祥印刷有限公司印刷
* * *
787 毫米×1092 毫米　16 开　14.25 印张　268 千字
2023 年 3 月第 1 版　2023 年 3 月第 1 次印刷
定价：49.80 元
* * * *
（如有印装质量问题可更换）

前　言

FOREWORD

沙盘实训教学模式是一种体验式的教学模式，以应用性和实践性为特点，以教育信息技术为支撑，在真实的实践情境中，让学生实战演练，培养学生对知识的综合运用能力。沙盘模拟教学可以把“企业”引入课堂，按照在实践中提升学生综合能力的教学理念，让高校学生通过利用已经学习过的相关专业知识进行企业经营管理，使其在实践的过程中感受到财务管理的重要性，并由此增强自身的管理能力，学习到相应的管理知识。相比传统的教学方式，沙盘实训教学拥有显著的体验性、互动性、趣味性等优势。

本书以用友新道公司的“约创沙盘”为实训平台，对沙盘教学中的一些技术方法和流程进行了梳理，并加入了教学引导。本书的主要特点如下：

一、实践性与仿真性

约创沙盘模拟让学生通过动手实践，形象、直观地了解企业财务管理的整个流程及运作过程，使学生产生身临其境的感受。

二、对抗性与趣味性

约创沙盘完全依照企业管理架构模式，形象地把其展现在了沙盘上，使原本枯燥无味的理论知识变得更易于学生接受。

三、共赢性与协作性

约创沙盘模拟教学拥有可视性强的优点，让学生在愉悦的氛围中感受到决策对企业的影响。在教学实践中，学生通过沟通、交流，感受到职能部门之间沟通交流的重要性，从而加强团队合作精神。

本书由马爱艳、蒋志辉、翟少红主编，由徐爱勤、姜福怀担任副主编，参与本书编写和资料收集的还有中国科学技术大学管理学院金融专业研究生冯捷同学。

本书在编写和出版过程中，得到了用友新道公司和中国商业出版社的大力支持，在此一并表示感谢！

由于时间仓促，加上编者水平有限，书中错误、疏漏之处在所难免，恳请广大读者批评指正。

作者

2022 年 9 月

目 录

CONTENTS

第 1 章 沙盘模拟企业经营概述 1

1.1 沙盘实训教学背景起源及现状 1

1.2 沙盘模拟经营的教学特点 3

1.3 约创沙盘教学的组织 4

第 2 章 约创系统管理 11

2.1 系统准备 11

2.2 系统管理员操作 11

2.3 教师操作 19

2.4 学生端操作 21

第 3 章 约创模拟经营规则与解读 23

3.1 约创模拟经营认知 23

3.2 约创企业模拟经营的组织结构 24

3.3 模拟经营企业的规则与解读 29

3.4 模拟企业经营报表的填制与分析 46

3.5 经营成果评分 52

第 4 章 约创电子沙盘模拟经营分岗教学 53

4.1 模拟经营市场环境了解 53

4.2 总经理分岗教学 54

4.3 财务岗位引导年操作 63

4.4 生产岗位具体操作说明 70

4.5 采购岗位教学引导 78

4.6 销售岗位教学引导 85

第 5 章 约创实训操作引导 93

5.1 约创沙盘教学引导的基本规划 93
5.2 约创沙盘教学引导年 95

第 6 章 表格的编制与分析 121

6.1 综合费用表的编制与分析 121
6.2 利润表的编制与分析 122
6.3 资产负债表的编制与分析 124
6.4 资金预算表的编制 125
6.5 其他报表的编制与分析 126

第 7 章 约创沙盘模拟技巧 131

7.1 约创沙盘模拟技巧 131
7.2 ERP 约创沙盘模拟学习总结 134

附录 1 实验报告 137

附录 2 默认系统规则简表 141

附录 3 默认系统规则市场预测表 148

附录 4 分角色学生实训用表 149

第1章

沙盘模拟企业经营概述

1.1 沙盘实训教学背景起源及现状

一、沙盘模拟经营教学的背景起源

沙盘，是根据地形图或实地地形，按照一定比例用泥沙、石土等材料堆制而成的模拟真实场景的模型。沙盘起源于军事，18 世纪初，波斯帝国就已将沙盘模型运用到军事行动中，在沙盘上模拟训练军事人才，使其具备军事战略和武器部署的能力。到了 19 世纪末和 20 年代初，沙盘主要用于军事训练，在军事应用中获得了广泛认可。

1811 年，普鲁士国王腓特烈·威廉三世的文职军事顾问冯·莱斯维茨，用胶泥制作了一个精巧的战场模型，用颜色把道路、河流、村庄和树林表示出来，用小瓷块代表军队和武器，陈列在波茨坦皇宫里，用来进行军事游戏。后来，莱斯维茨的儿子利用沙盘、地图表示地形地貌，以算时器表示军队和武器的配置情况，按照实战方式进行策略谋划。这种“战争博弈”就是现代沙盘模拟作业。

沙盘在我国已有悠久的历史。《史记·秦始皇本纪》中记载：“以水银为百川大海，机相灌输，上具天文、下具地理。”据史料记载，秦国在歼灭六国时，秦始皇亲自用沙土、泥石等材料堆制沙盘来研究各国的地形、地貌，沙盘模拟在秦始皇统一战争中发挥了巨大作用。后来，秦始皇在修建陵墓时，也采用沙盘模型，在墓中按照真实的皇宫、天地比例修建了地下地形模型，作为殉葬品。这也说明沙盘在军事、建筑等方面发挥了极大的作用。据《后汉书·马援传》记载，汉建武八年（公元 32 年），光武帝与天水、武都一带地方豪强争战时，大将马援“聚米为山谷，指画形势”，采用沙盘模拟战时地形，是我国军事史上采用沙盘研究战术战略的先例。北宋著名科学家沈括沿革并发展了沙盘制作方法，用熔蜡制作宋与契丹辽接壤的相邻疆域制成地形模型，后期该制作方法在军事上得到了广泛应用。沙盘推演节省了在实战演练中培养将领的巨大成本和跨越了时空限制，因此被世界各国广泛应用于军事训练领域。

企业经营沙盘实训课程是20世纪50年代由军事沙盘模拟演化而成的，因以实训为特点的培训优势而风靡欧美。1978年瑞典皇家工学院的克拉斯梅兰（Klas·Mellan）开发并运营沙盘实训教学课程，该课程采用参与体验的培训方式，依照“参与体验—感悟分享—反思提升—应用实践”的过程达到学习的目的。“沙盘实训”课程被世界500强企业作为中高层管理者必修的课程之一，并被欧美商学院作为高级管理人员工商管理硕士的培训课程。

二、国内教学现状

2005年，用友公司院校事业部借鉴国外沙盘培训课程的相关经验，开发了“用友ERP沙盘”。刚开始，“用友ERP沙盘”仅用于向企业客户介绍ERP原理和ERP软件应用的必要性，从而激发产品需求。后来，用友公司院校事业部发现该产品可以用于中国本科院校和高职院校的实训课程，达到为其产品培养潜在客户的目的，所以从2005年开始在中国普通本科院校和高职院校中大力推广这一产品，并于2005年举办了第一届“ERP沙盘大赛”，这一比赛持续至2022年已经第十八届，影响力越来越大。

用友沙盘经历了四个发展阶段，第一阶段是2005—2007年的手工沙盘阶段，使用者将选好的订单和随附的经营报表录入一个用Excel 编制的软件，虽然教学中具有很强的场景性，但任课教师的工作量仍然很大；第二阶段是2007—2010年的创业者沙盘阶段，是对手工沙盘的升级，订单选择和报表形成通过一个 B/S 架构的软件来控制，其在保留手工沙盘优点的基础上，大大减轻了任课教师的教学工作强度和难度，受到了院校教师的好评；第三阶段是2010—2018年的企业商战沙盘阶段，沙盘在企业经营中增加了更多的选择性和灵活性，适合使用者进行竞技性比赛；第四阶段是2018年至今的企业约创沙盘阶段，在企业经营过程中提高了学生的实际经营体验感，实训过程更贴近实际，进一步提高了实验的精度，加强了学员的参与度。

从课程本质上来说，相比于其他模拟企业经营课程，用友公司的这四个阶段的沙盘注重经营过程和流程，教学过程灵活，场景模拟仿真度高，易于激发学生的学习兴趣，适合没有工作经验的在校学生；通过模拟经营，增加他们对企业经营的感性认识，增强其理论知识的应用能力。

1.2 沙盘模拟经营的教学特点

一、体验式学习是沙盘模拟培训最鲜明的特点

在传统培训中，往往是讲师滔滔不绝，学员昏昏欲睡，讲师输出的信息不少，学员学习掌握的内容不多。这种灌输式的学习形式与成年人的认知特点形成严重背离。沙盘模拟培训很好地解决了传统培训的这一重大缺陷。沙盘模拟培训是以体验为核心的新型培训模式，学员通过将学习到的管理理念和方法在模拟经营中反复应用和体验，达到活化认知的教学目的。在近乎实战的沙盘模拟培训课程中，学员得到的不再是空洞乏味的概念、理论，而是极其宝贵的实践经验，借助对模拟经营深层次的领会与感悟，学员更容易将学到的管理思路和方法应用于实际工作之中。

二、多样化教学是沙盘模拟培训最显著的特点

单调的授课形式很难充分调动人的学习兴趣，几乎不可能收获让人满意的培训效果。沙盘模拟培训这种开放式的新型培训模式，为交叉运用多种授课方式提供了独一无二的教学平台。沙盘模拟课程培训允许讲师综合运用分组讨论、角色扮演、情景演练、案例分析、集中研讨、讲师点评等多种教学方式，充分发挥沙盘模拟特有的互动性、趣味性、竞争性强的优点，最大限度地调动学员的学习兴趣，使学员在培训中处于高度兴奋状态，充分运用听、说、学、做、改等一系列学习手段，开启一切可以调动的感官功能，对所学内容形成深度理解和记忆。

三、培养经营型人才是沙盘模拟培训不可替代的特点

长期以来，中国的企业培训大体可以分为管理能力培训和销售技能培训两类，培训市场一直缺少管理者经营能力培训的成熟课程。综合经营能力欠缺一直以来都是困扰中国企业发展的重大问题。沙盘模拟培训课程的根本立意就在于围绕经营学习管理。通过对企业完整经营过程的亲身参与和体验，使学员从单纯的职能专家提升为能够为企业发展发挥更大作用的经营型人才。

学员通过对企业各经营环节的实际运作，了解企业整体运营流程，理解企业价值形成的完整过程和内部价值链的真实含义，从而走出传统管理的局限，树立整体经营意义上的协作精神和全局意识。

四、反思与超越是沙盘模拟培训最有价值的特点

发现自身的短板和误区是管理者自我超越的开始，而沉溺于成功的最终结果是更为惨痛的失败。“现场案例点评”是沙盘模拟培训课程的核心内容。点评中，讲师对各“公司”模拟经营方案中暴露的重要问题进行高屋建瓴的解剖与分析，指出决策中存在的问题以及“公司”未来调整的方向。尽管模拟经营中的失误不会给现实企业造成任何实际损失，但是，那些失败的经历和痛苦的教训却能令人刻骨铭心、终生难忘。学员就是借助对模拟经营成功与失败的不断反思与总结，发现自身存在的短板、误区和盲点，并在后续模拟经营中持续改进，完成脱胎换骨般的自我超越。

1.3 约创沙盘教学的组织

一、硬件与软件

约创模拟经营沙盘由两部分构成，第一部分是物理沙盘台面，如图 1-1 所示。

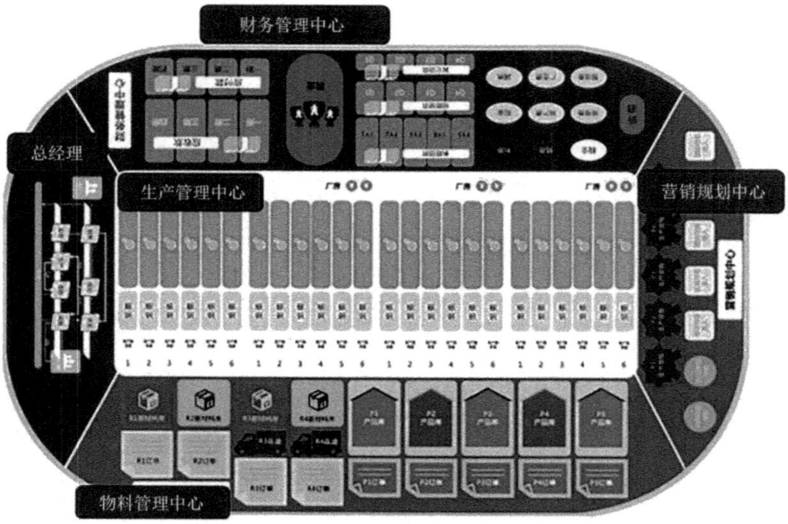

图 1-1　物理沙盘台面

物理沙盘是模拟企业的物理状态，通过台面的摆放，可以直观地反映企业当前的经营状态，建议使用者在实际操作中按经营流程摆放台面，这样可以更好地形成企业经营的感性认识。

第二部分是约创模拟经营电子沙盘，新道约创模拟经营沙盘软件脱胎于用友 ERP 物理沙盘，本质上并没有大的改变，但是在模拟企业营运的流程控制上更有利于教学，会带来更激烈的市场竞争体验，并减轻教师教学的工作量，其操作界面如图 1-2 所示。

图 1-2 商战沙盘软件操作界面

电子沙盘的操作页面是模拟企业运行的环境，页面中包含帮助模拟企业经营的各种机构，打开这些机构，可以完成相应的操作。在操作页面的上方，有当前模拟市场的运行时间、当前角色的岗位，以及当前岗位的账户余额，这样的操作页面能够提高模拟经营的真实性，帮助模拟经营的学生形成良好的感性认识。

学生在学习时最好不要只做电子沙盘，而是将物理沙盘和电子沙盘的课程放在一起，同步进行，物理沙盘需要企业根据电子沙盘的经营结果，自制相应标志摆入物理沙盘，这样更有利于培养自身对企业经营的感性认识。

二、商战沙盘的教学组织

1. 课程性质

新道约创模拟经营课程是一款针对高校财经类专业教学而设计的企业经营管理综合模拟实训系统。企业经营管理综合模拟实训是指在训练过程中至少由 5 名学生组成一个团队，合作完成一家制造型企业从建厂开始，到投入生产，再到正常运营共 6 年完整的模拟企业运营任务。

约创模拟经营沙盘针对总经理（CEO）、财务总监（CFO）、市场总监（CMO）、生产总监（COO）、采购总监（CPO）等岗位，以生产制造型企业运营全过程的管理作为训练内容，通过模拟 6 年完整的企业运营全过程，训练生产管理、采购管理、营销管理、财务管理、战略管理等方面的实训任务，使学生充分了解企业的运营流程和业务流程，掌握企业经营过程中不同领域的基本管理能力。

2. 教学目标

本实验课程是对财务管理专业核心课程的综合应用性实验，在对财务管理相关理论学习的基础上，将理论在实践中进行模拟应用，以培养学生理论联系实际的能力，提高学生分析问题、解决问题的能力，培养学生的动手能力。

要求学生掌握的基本理论主要有：战略及战略管理、各种筹资方式及决策、资本成本与资本结构、财务杠杆、项目投资决策、金融资产（股票）投资、股利政策、财务分析。

通过沙盘实训，要训练学生掌握以下能力：会利用战略分析工具进行本公司的战略分析，并确定战略目标；会比较各种筹资方式的资本成本，进行筹资组合的确定；会签署公司与银行间的借款合同，会编制股票筹资的招股说明书；会利用决策指标评价项目的财务可行性，并会编写可行性分析报告；会进行股票投资的收益率估计；会确定公司的股利政策，并掌握股利政策对公司价值的影响；会对公司的财务报表进行分析，并会编制公司的财务分析报告。

三、实验项目与流程

1. 实验项目（见表 1-1）

表 1-1 实验项目表

序号	实验项目名称	实验目的和要求	学时	实验内容	考核重点
1	战略分析与战略目标确定	战略分析与战略目标确定是企业经营的前提性工作。通过财务管理沙盘模拟，学会使用某种战略分析工具对模拟企业进行战略分析并确定战略目标，从而培养和锻炼学生的规划能力与策划能力	2	用 SWOT 或 PEST 等战略分析工具分析企业的战略环境和定位；制定模拟企业的战略目标和战略实施步骤	战略分析报告的提交及质量
2	项目投资分析	固定资产投资是企业内重要的决策项目，通过本实验，学生应掌握现金流量的估计方法，会利用项目投资决策方法对固定资产的投资进行财务可行性决策，根据决策结果确定投资的固定资产	8	模拟企业现金流量的估计与折现率的确定；模拟企业待选择的设备的财务可行性分析，要求至少要用 NPV 法来决策	固定资产投资可行性分析报告的提交及质量

表 1-1（续）

序号	实验项目名称	实验目的和要求	学时	实验内容	考核重点
3	筹资决策	资本是企业经营的血液，合适的筹资会促进企业的发展。通过本实验，学生应了解企业筹资的渠道和方式，掌握企业筹资的条件及偿付条件，掌握企业资本成本的意义及对企业价值的影响	5	实验模拟企业筹资渠道的确认与选择；企业各种筹资方式的个别资本成本的计算；企业加权资本成本的计算与优化调整	企业筹资渠道与资本成本的决策报告的提交及质量
4	全面预算	企业预算是保证战略实现有效管理的控制工具，通过本实验项目，要求学生理解全面预算对企业管理的重要作用，掌握全面预算的编制方法，尤其是现金预算，掌握现金流入与现金流出的合理规划，保证资金链不断裂	5	企业编制预算的逻辑基础的确定；企业全面预算表的编制；全面预算的考核	模拟企业6个经营年度各个全面预算表的提交及质量
5	财务分析	财务分析是企业业绩评价与企业诊断的重要财务工具，通过本实验，要求学生理解财务分析的目的，熟悉财务分析的基本方法和比率，掌握杜邦财务分析体系的计算及分析方法	4	计算模拟企业各经营年度的相关财务比率，包括偿债能力比率、盈利能力比率、营运能力比率、发展能力比率；利用相关比率评价企业各经营年度的业绩；利用杜邦分析法分析企业业绩变动的原因	模拟企业财务分析报告的提交及质量
6	资产与融资组合分析	企业的资产配置状况是融通资金使用的结果，因此资产与融资之间要有相应的组合关系。通过本实验项目，要求学生理解资产与融资组合的关系，具备根据企业资产负债表来判断企业融资组合的类型（保守型、稳健型、冒险型）的能力，掌握对不同类型组合的风险与收益的评价	5	利用模拟企业的资产负债表判断企业融资组合的类型；分析模拟企业融资组合类型的风险与收益；决策调整融资组合的方向和方式	模拟企业融资组合分析报告的提交及质量
7	实验总结	财务管理沙盘实验作为一项综合性实验，完成整个实验需要学生运用财务管理及相关知识。实验结束后，要求学生把6个经营模拟期的经验、教训和感想记录下来，以形成对企业经营的策略	5	撰写财务管理沙盘实验总结	财务管理沙盘实验总结的提交与质量
	合计		34		

2. 实验流程，如图 1-3 所示

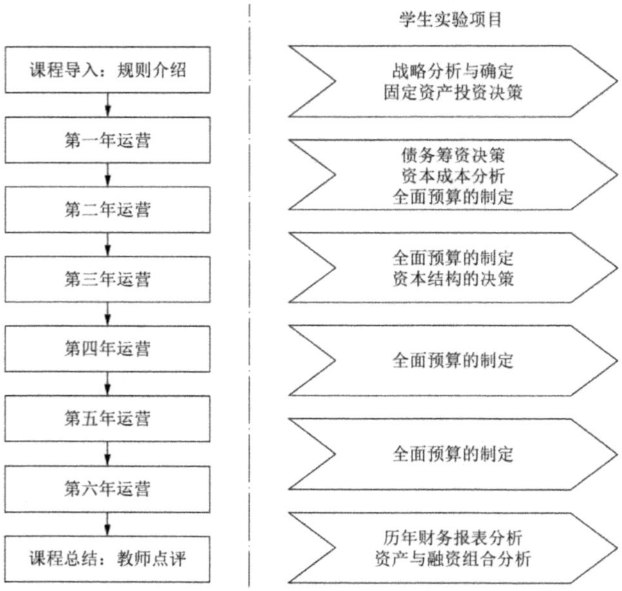

图 1-3　实验流程图

四、实验课程考核方法与标准

沙盘实验课程要想取得好的教学效果，要特别重视对学生考核机制的设定，使学生重视并积极参与沙盘课程，所以恰当、简便、可操作的成绩评定方法不可缺少，本教材提供了编者在教学应用中对学生最终成绩的评价方法，供课程参考。

沙盘教学评分标准最终成绩评分标准构成包括以下几个方面。

1. 实验出勤

（1）实验时间为 4 个半天，要求全部出勤。

（2）如有 1 个半天未到，则没有本次实验的成绩（期末成绩计为 0 分）。

（3）如有下一轮实验，可以跟下一轮实验，可以取得实验成绩。

（4）实验出勤成绩为 40 分。

2. 实验学习能力

（1）学习能力指对教师讲解规则的理解能力，具体体现在自我学习能力，而不是反复向教师提问已经讲过或存在于实验手册上的规则。

（2）本部分成绩为 10 分。

3. 实验参与度

（1）实验参与度指学生能否主动参与本团队的经营与讨论，并为本团队的经营活动提供建设性贡献。

（2）切莫做“免费搭车者”，具体表现为玩游戏、聊 QQ、玩手机、发呆等。

（3）本部分成绩为 30 分。

4. 实验成绩

（1）成绩评定根据电子版沙盘系统排名，取前 3 名，组员每人可得 10 分。

（2）不破产或无须注资队，每人得 5 分。

（3）破产队或注资队，得 0 分。

5. 实验报告质量

（1）实验完成后一周内完成实验报告并交给学习委员，学习委员收好实验报告后统一交给助教，如过期不交则视同放弃成绩。

（2）本部分实验成绩 0～10 分。

（3）实验报告的构成：

①实验报告活页纸。

②实验总结。

从自己的角色出发或根据企业整体情况，总结实验过程、实验的经验与教训、实验的启示等；要求有论点、论据；最好图文并茂，有一定篇幅，必须使用 A4 纸手写。

6. 学生实验实训守则

（1）实训课前必须认真预习实验教材内容，明确实训目的及步骤，初步了解实验规则。

（2）进入实验室时必须衣冠整洁，不许在实验室内穿拖鞋、背心，应当以进入职场的心态开始实验。

（3）自觉维护实验室的公共环境卫生，不得将零食、饮料带入实验室，禁止随地吐痰，乱扔纸屑等废弃物。

（4）实验时必须遵守课堂纪律，保持安静，不得做与课程无关的事情，禁止使用机房电脑玩网络游戏或使用 QQ 等聊天工具。

（5）爱护公共财物，不得随意搬动或拔插设备，禁止随意涂抹刻画等毁损设备的行为。

（6）下课后应清理桌面、推好座椅、还原设备，实验最终结束后，清理沙盘台面，将所有物品恢复原状，此项工作由学习委员负责。

第2章

约创系统管理

2.1 系统准备

约创系统在使用过程中，电子沙盘教室须配备相应的外网，系统的各项操作均须在约创网络平台进行相关操作，使用时建议使用谷歌浏览器或360浏览器进行操作。

2.2 系统管理员操作

一、约创平台任务操作流程

约创平台任务操作流程，如图2-1所示。

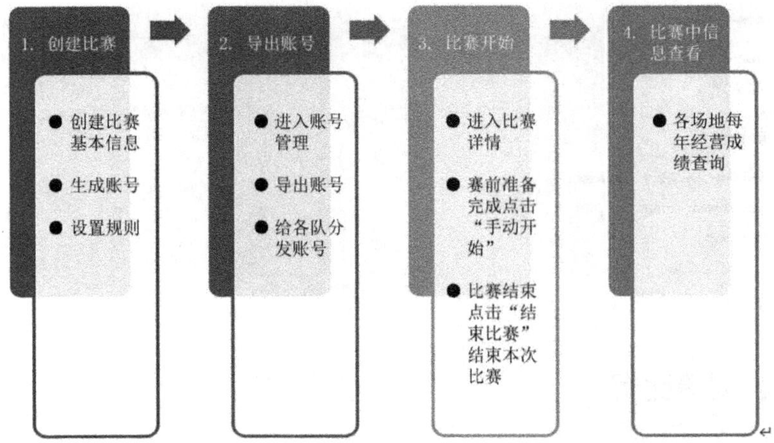

图2-1　操作流程图

二、管理员操作地址

系统管理员可登录 IP 地址 10.80.6.128:3003（约创管理系统），输入管理员账号和密码可对约创平台相关设置信息进行操作。教师和学生使用约创系统时，需要进行相关约创账号的申请，如图 2-2 所示。

图 2-2 创号申请

进入运营管理系统之后，管理员可从首页查看比赛列表，以及创建新的比赛，如图 2-3 所示。

图 2-3 比赛列表

三、创建比赛

根据实际比赛需求，输入相关信息，包括比赛名称、赛制、场地数量、每场队数、主办方名称、比赛时间等信息，确认信息后，单击“立即创建”创建比赛，如图 2-4 所示。

比赛创建成功后会出现创建账号、选择订单的页面，管理员选择合理的市场规则以及相应的市场订单规则。

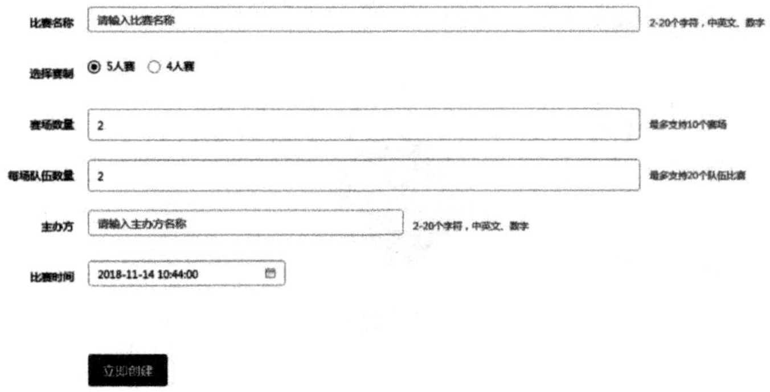

图 2-4 创建比赛成功

提醒：

如无法准确确定开赛时间，可把输入日期延后数天，正式比赛时可手动提前开始。

四、创建账号

管理员单击创建账号（创建队伍时，可比实际多一组，专门进行教师演练），出现创建成功页面，如图 2-5 所示。账号创建成功后管理员和教师可以在操作台查看所有学生的账号及密码。

图 2-5 账号创建

五、设置规则

1. 账号创建。账号创建成功后，可单击设置规则进入选择模板，如图 2-6 所示，教师可以根据实际情况选择适合的经营规则。

图 2-6　进入设置规则页面

2. 选择经营规则模版。单击选择模板，管理员选择好企业经营模板后，单击确定，如图2-7 所示，企业经营的规则创建完毕，继续进行市场订单的选择。

图 2-7　选择模板

规则页面说明：

选择完经营规则，可通过页签切换“市场订单”和“时间轴设置”，设置本地大赛的市场订单规则和经营年的时间轴。

在“经营规则”页面，单击“重选模板”可重新设置规则，单击“规则说明”可查看当前规则的详细说明，如图 2-8 所示。

图 2-8　经营规则页面

3. 选择订单

单击选择订单后，管理员选择与经营规则模板相应的市场订单规则，然后单击确定按钮，出现与市场订单相应的市场预测，学生可以根据市场预测分析市场产品的需求量以及产品的市场价格，有利于企业后续经营，如图 2-9 所示。

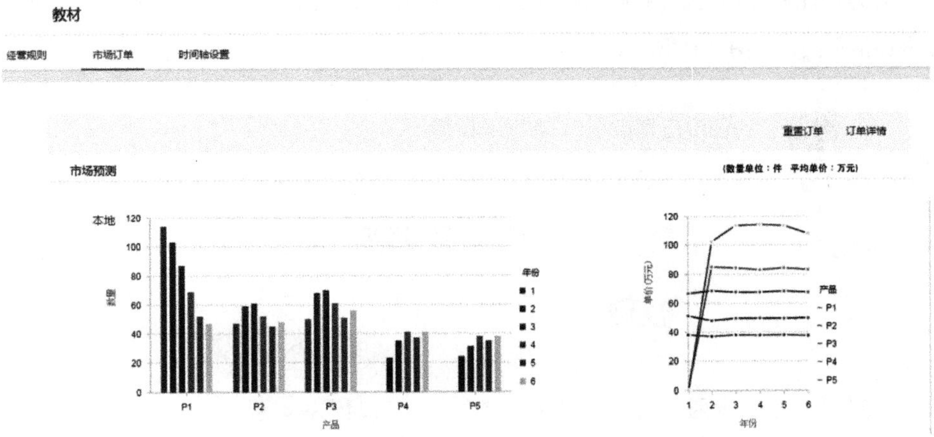

图 2-9　市场订单

4. 设置比赛时间轴规则

单击“时间轴设置”页签，可进入本次大赛的经营时间轴设置页面，可根据实际需求调整各个大赛的实际时间，如图 2-10 所示。

可修改阶段的最小时间段“月”或“季度”，每个阶段结束后，可选择下一阶段自动开始运行或手动开始运行。

提醒：

时间轴设置完成后，对整场比赛全部经营年生效，比赛开始后，时间轴不能修改。

图 2-10　比赛时间轴规则

5. 最后单击首页，管理员可以在操作首页查看比赛发布信息，单击比赛可以查看比赛详情，学生、教师的账号密码。

六、比赛账号导出

1. 返回比赛详情页，规则设置完成后，点击浏览器返回或点击“比赛详情”进入比赛详情页面，如图 2-11 所示。

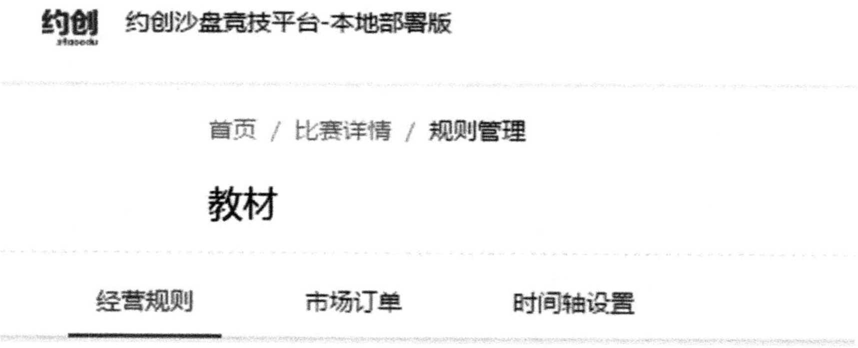

图 2-11　比赛详情页面

2. 在详情页，点击“账号管理”，进入账号管理页面，如图 2-12 所示。

图 2-12　账号管理页面

在账号管理页面可以查看到已生成的账号信息（各赛场裁判和参赛组的登录账

号、密码），如图 2-13 所示。

单击“导出账号”导出 Excel，将导出的账号名单分发给裁判和参赛的各组队长。

提醒：

如果有裁判忘记密码，组织者可以在此页面重置裁判账号的密码，如是参赛者忘记密码则需要各分场裁判重置账号密码。

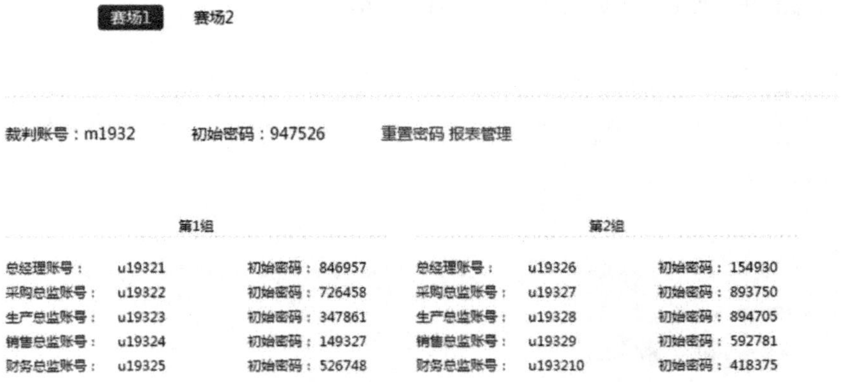

图 2-13 账户管理页面

七、比赛操作

1. 开始比赛

在比赛详情页面，可点击“手动开始”开始本场比赛，或等到预设比赛开始时间比赛自动开始，如图 2-14所示。

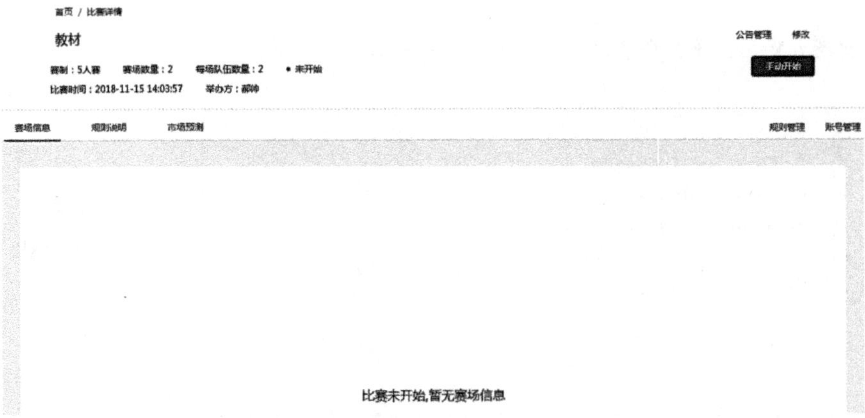

图 2-14 比赛开始页面

提醒：

比赛开始前裁判和参赛者无法进入比赛，页面会提示比赛未开始，只有比赛开始后，裁判和参赛者才可进入比赛。

2. 结束比赛

比赛开始后，组织者可点击“结束比赛”随时手动结束比赛，结束比赛后，裁判或参赛组不能再进行比赛管理或经营，如图 2-15 所示。

图 2-15 比赛结束页面

八、比赛中信息查看

1. 组织者可通过首页点击“比赛卡片”进入比赛详情，点击“规则管理”或“账号管理”进入相应的管理页面，如图 2-16 所示。

提醒：

比赛开始后，不允许修改规则，无法进入规则管理页面。

图 2-16 比赛详情页面

2. 比赛开始后，通过页面切换可在比赛详情页面查看各赛场每年的经营成绩和比赛规则说明等信息，如图 2-17 所示。

图 2-17 经营成绩和比赛规则说明

2.3 教师操作

管理员添加教师后，教师可登录 IP 地址 10.80.6.128:3003，输入自己的账号密码进行相关操作，如图 2-18 所示。

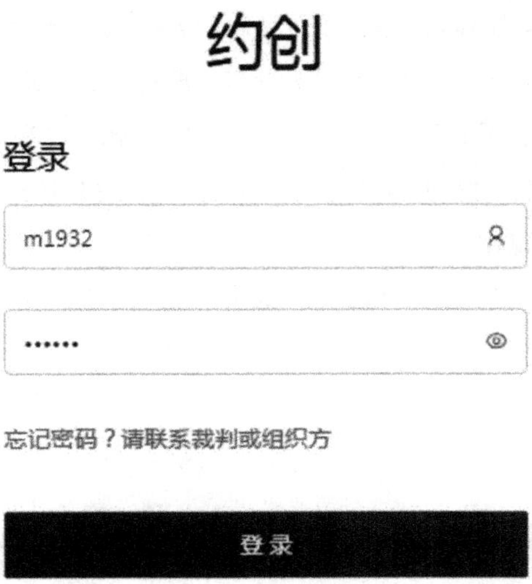

图 2-18 教师登录

1. 开始准备

（1）完善信息，修改密码，请输入裁判的真实姓名，方便和参赛者随时沟通，如图 2-19a 和图 2-19b 所示。

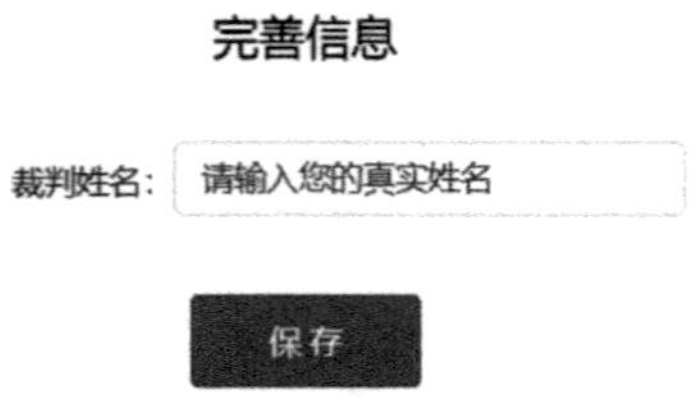

图 2-19a 信息完善

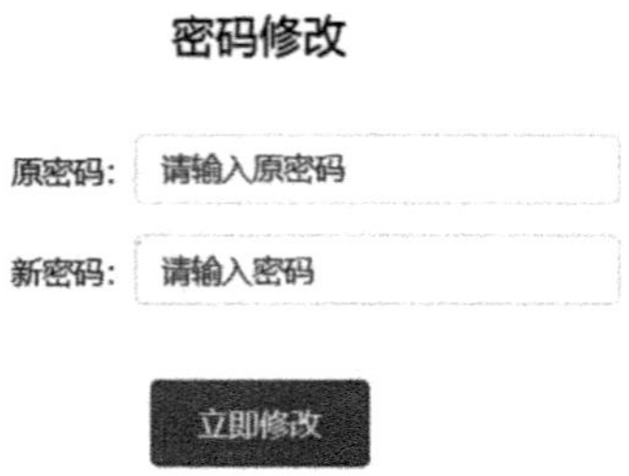

图 2-19b 密码修改

（2）比赛未开始之前，裁判无法进入比赛，如图 2-20 所示。

图 2-20 等待页面

2. 重置、暂停课程

教师在授课过程中，整体教学操作演示完后，或学生操作出现较大问题时，可以选择重置课程，重置课程后，所有组都回到初始状态，重新开始全部操作。

由于约创系统的时间是提前设定的，学生在刚开始操作时难免会出现时间不够的问题，此时老师可以选择暂停时间，时间暂停后学生仍可以进行操作，待学生操作完成后可取消暂停继续进行其余操作。

当所有学生操作结束后，教师可以单击节点结束，直接进入下一步骤，如图 2-21 所示。

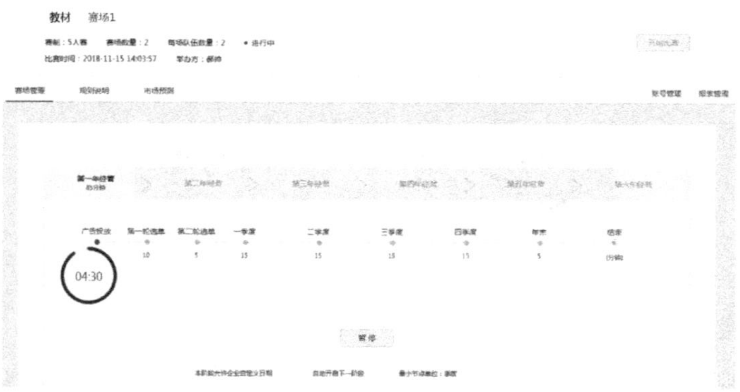

图 2-21 重置、暂停课程

3. 查看学生经营状况

比赛控制台右侧有报表管理，教师可单击报表管理，了解学生经营状态，并可查看其报表正确与否，以便对学生的经营状况做出指导和评价，如图 2-22 所示。

图 2-22 报表管理

2.4 学生端操作

管理员下发账号密码后，学生须登录 IP 地址 10.80.6.128:3003，输入自己的账号密码进行相关操作，如图 2-23 所示。

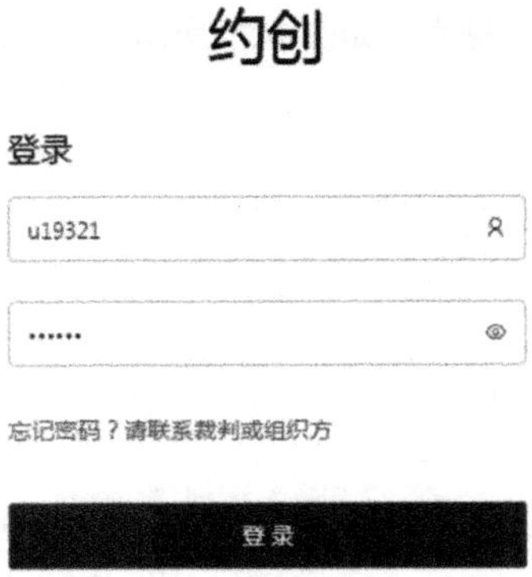

图 2-23 学生登录

1. 开始准备

（1）完善信息，修改密码，请输入参赛者的真实姓名、院校信息，方便统计成绩，如图 2-24 所示。

（2）学生输入信息后，需要修改自己的操作密码，如图 2-25 所示。

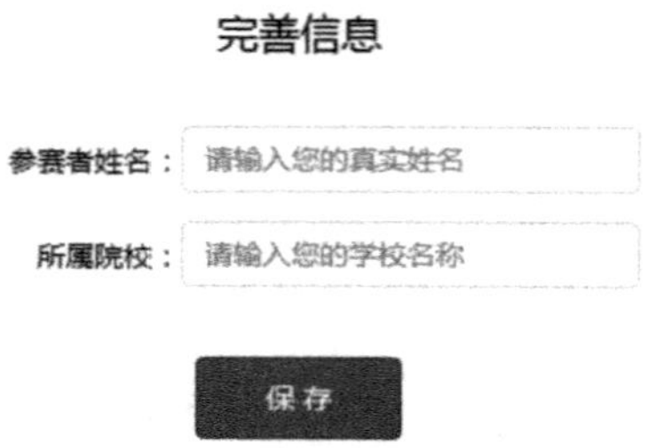

图 2-24 完善信息

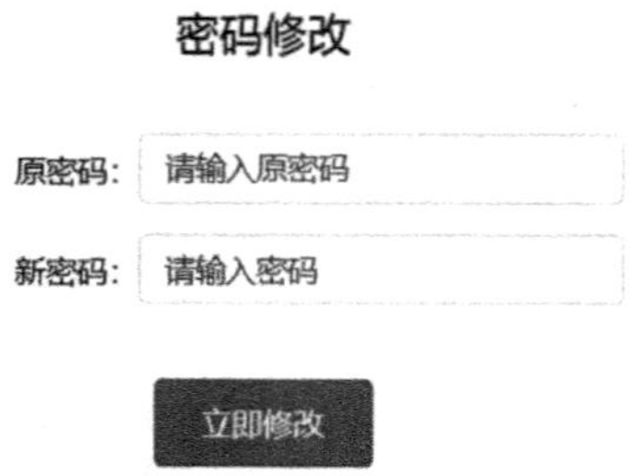

图 2-25 修改密码

（3）比赛未开始之前，参赛者无法进入比赛，如图.2-26 所示。

图 2-26 等待页面

2. 熟悉相关内容

学生进入实训的页面后，可查看相关经营规则和订单规则，以及本组人员账号密码，提前熟悉相关内容，方便后续操作，如图 **2-27** 所示 。

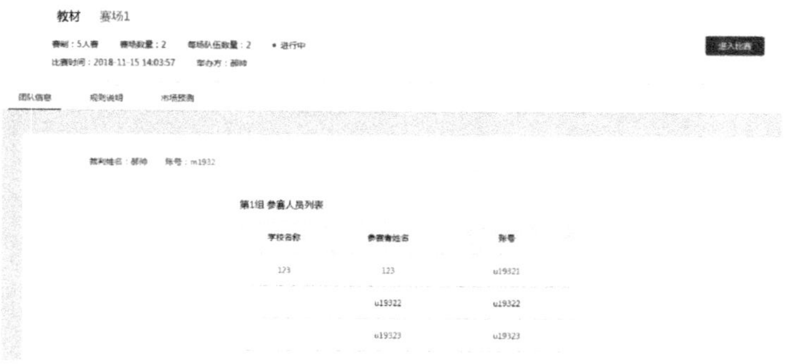

图 2-27 实训页面

3. 等待比赛

等待教师开始比赛后，单击进入比赛，可以开始后续操作。

第3章

约创模拟经营规则与解读

3.1 约创模拟经营认知

一、约创模拟经营的目的

约创模拟经营要做的是模拟经营一个生产销售型的企业，这家企业拥有一定数量的初始资金，有四块土地（土地只能用于建造厂房），同学们作为这家公司的经营者，需要进行团队群策来经营这家企业。企业经营的目的主要是生产产品，然后将其所生产的产品销售出去，并最终实现公司利润和所有者权益的增加。这个过程看似简单，实际操作起来却颇有难度。

二、约创模拟企业经营资源

作为一家生产销售型的企业，该企业要完成生产销售，必须拥有一定的资源。企业所有资源中第一重要的资源即为资金，资金是一个企业生存的根本，没有资金企业是难以运行的。约创模拟经营在初始阶段，系统会给每家企业注入一定的资金，这部分注入的资金是企业的所有者权益，未来不需要偿还，企业在经营过程中，如果出现资金短缺问题，可以向市场上的银行进行贷款融资，也可以将自己的应收账款进行贴现使用，企业有了资金之后，可将资金转化为其他资产。

第二个资源是厂房。由于企业的经营活动主要是生产和销售，而企业的生产又离不开厂房，这就要求企业必须有可供自己使用的厂房，在经营过程中，企业需要用自己的资金购置或租用适应其发展规模的厂房。

第三个资源是生产线。当企业具备了厂房之后，还需要配备相应的生产线，系统设置可供选择的生产线有三种类型，分别是手工线、自动线和柔性线，企业在经营过程中可自行选择适应其发展的生产线。

第四个资源是企业的各种生产、准入资格。配备了厂房和生产线的企业仍然不能够生产，因为企业要想生产，必须有相应的生产资格，拥有了相应的生产资格后，市场才允许企业生产产品。而企业生产的产品在市场上进行销售，还需要各种市场的准入资格，没有这些准入资格，企业生产的产品依然不能销售。

第五个资源是原材料。企业在生产过程中必须有一定的原材料，这些原材料需要到市场上进行订购，有了原材料，企业才能够将材料预配到生产线上生产相应的产品。

三、企业模拟经营三要点

企业模拟经营最为核心的内容就是让资金不断地流动起来，但企业从系统获得的初始资金是有限的，这就要求我们必须通过团队经营获得收益，从而获取利润，所以企业模拟经营要把握三个要点。

1. 合理分配资金

由于企业的资金有限，为保证企业后期能有资金流入，企业需要先把产品生产和销售的一切条件都准备好，在这个过程中，企业应做到尽可能少地占用资金，即合理安排生产费用耗费，避免因算错物料金额而造成资金的缺乏。

2. 选准产品

企业后期资金的来源主要是出售产品的所得，这就要求我们一定要选择能够卖出去的产品，产品尽量不要造成积压或存货，一方面存货有保值期，另一方面存货的积压会大量占用生产所需的资金，存货占用资金过多会影响企业后期的生产和扩张。

3. 盈利

企业扩张和发展源于资本的累积，这就要求企业必须盈利，企业在生产过程中要保证销售产品回收的资金一定大于生产产品所垫付的钱、企业生存须花销的钱。

3.2 约创企业模拟经营的组织结构

模拟经营企业的经营过程看似非常简单，实际操作起来则有很多问题，一个人很难完成全部的操作，这就要求同学们进行组队经营，在经营过程中各组织机构明确任务，严格做好自己的任务，同时也需要和其他部门及时沟通，不能有工作失误。

一、模拟经营企业的组织结构

作为一家生产销售型的企业，模拟经营企业的核心管理机构主要有总经理、生产管理中心、营销规划中心、物料管理中心、财务管理中心 5 个，其组织结构如图 3-1 所示。

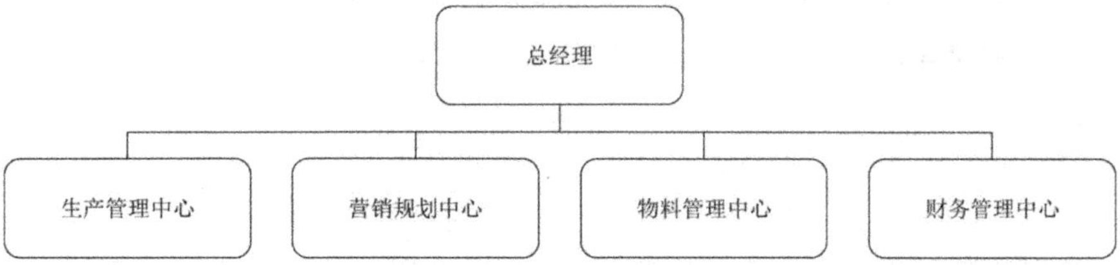

图 3-1 模拟经营企业组织结构图

在模拟经营企业经营中，各部门之间的关系是共赢关系，每个部门的职能与工作，是其他部门工作的基础和条件，因此，各部门构成一个团队。但是，在模拟经营的过程中，每个部门的具体工作又是独立的，如图 3-2 所示。

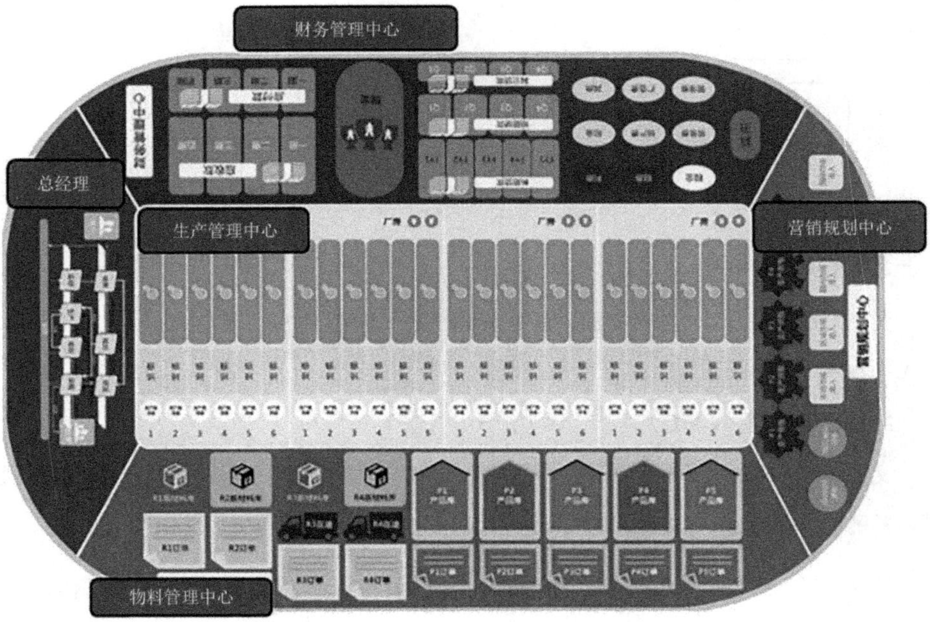

图 3-2 模拟经营企业组织物理沙盘图

二、模拟经营企业管理人员职能

模拟经营企业的每个部门都有相应的员工，其主要的核心员工有总经理、生产部经理、销售部经理、采购与仓储部经理、财务总监等，如果参与实训的同学较多，可以增设协助岗位，比如在财务总监下设报表编制员、出纳、现金预算员；在销售部经理下设市场分析员、广告分析员、商业间谍；采购与仓储部经理下设原材料采购计划员、产成品统计员；生产部经理下设产能统计员、设备建造监理、车间主任等。管理人员组织结构如图3-3所示。

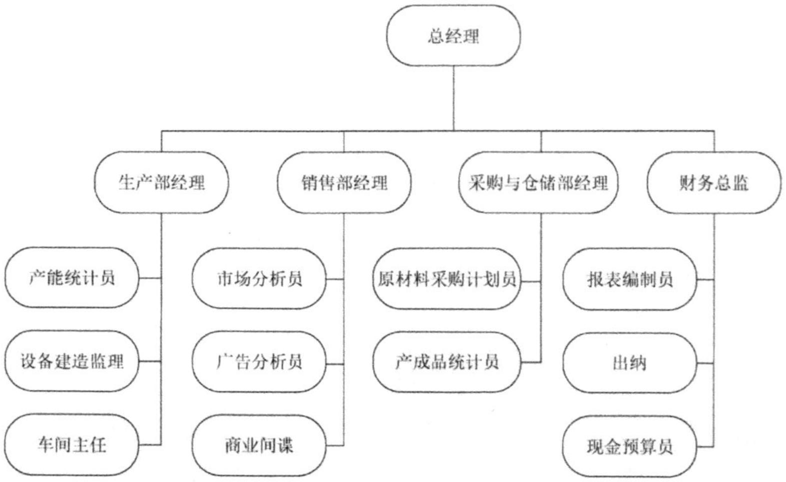

图3-3 模拟经营企业岗位结构图

1. 总经理（CEO）

又称首席执行官，企业所有的重要决策均由总经理带领团队成员共同决定，如果大家意见不相同，由总经理最终决定。

2. 市场部经理（CMO）

又称市场总监，企业的利润是由销售收入带来的，销售的实现是企业生存和发展的关键，营销部经理在企业中的地位不言自明。

销售部经理所担负的责任是：开拓市场，实现销售。①开拓市场。作为一家新创立的企业，一方面要开拓和稳定企业现有市场，另一方面要积极拓展新市场，争取更大的市场空间，力求在销售量上实现增长。②销售管理。销售和收款是企业的主要经营业务之一，也是企业联系客户的门户。为此，销售部经理应结合市场预测及客户需求制订销售计划；有选择地进行广告投放；取得与企业生产能力相匹配的客户订单；与生产部门做好沟通，保证按时交货给客户；监督货款的回收；进行客户关系管理。

销售部经理还可以兼任商业间谍的角色，因为该职位最方便监控竞争对手的情况，比如对手正在开拓哪些市场、未涉足哪些市场、在销售上取得了多大的成功、拥有哪类生产线、生产能力如何，等等。充分了解市场，明确竞争对手的动向有利于今后的竞争与合作。

3. 生产部经理（COO）

生产部经理是企业生产部门的核心人物，对企业的一切生产活动进行管理，并对企业的一切生产活动及产品负责。生产部经理既是计划的制订者和决策者，又是生产过程的监控者，对企业目标的实现负有重大的责任，他的工作是通过计划、组织、指挥和控制等手段实现企业资源的优化配置，创造最大的经济效益。

生产部经理的职责范畴主要包括：①负责公司生产、安全、仓储、保卫及现场管理方面的工作，协调完成生产计划，维持生产低成本稳定运行，并处理好有关的外部工作关系；②生产计划的制订落实及生产和能源的调度控制，保持生产正常运行，及时交货；③组织新产品研发，扩充并改进生产设备，不断降低生产成本；④做好生产车间的现场管理，保证安全生产；⑤协调处理好相关外部工作关系。

4. 采购与仓储部经理（CPO）

采购是企业生产的首要环节。采购与仓储部经理负责编制并实施采购供应计划，分析各种物资供应渠道及市场供求变化情况，力求从价格上、质量上把好第一关，确保在合适的时间，采购合适的品种及数量的物资，为企业生产做好后勤保障。

5. 财务总监（CFO）

在企业中，财务与会计的职能常常是分离的，它们有着不同的目标和工作内容。会计主要负责日常现金收支管理，定期核查企业的经营状况，核算企业的经营成果，制订预算及对成本数据的分类和分析。财务总监主要负责资金的筹集、管理，做好现金预算，管好、用好资金，其主要任务是：①管好现金流，按需求支付各项费用、核算成本，按时报送财务报表并做好财务分析；②进行现金预算，采用经济有效的方式筹集资金，将资金成本控制在较低的水平。对于各主要员工和辅助员工的工作内容和职能，可以参见表3-1。

表 3-1 模拟经营企业岗位表

编号	岗位名称	所属部门	职能
101	总经理	总经理部	①主持讨论公司经营战略的制定；②主持公司具体经营决策，在团队内意见不一致时，负责做出最终决策；③控制经营流程
201	财务总监	财务部	①管好现金流，按需求支付各项费用、核算成本，按时报送财务报表并做好财务分析；②进行现金预算，采用经济有效的方式筹集资金，将资金成本控制在较低水平
202	报表编制员		编制每年度的综合费用表、利润表、资产负债表
203	出纳		负责应收应付款、资金贴现、经营支出，每年的年初把上年的费用清空
204	现金预算员		编制下一年度的资金预算
301	销售部经理	销售部	结合市场预测及客户需求制订销售计划；有选择地进行广告投放；取得与企业生产能力相匹配的客户订单；与生产部门做好沟通，保证按时交货给客户；监督货款的回收；进行客户关系管理
302	市场分析员		分析市场预测表，提供未来各产品在各年度在各市场的预设信息
303	广告分析员		根据产能、市场预测信息和竞争对手的情况每年年初制定市场广告的投放策略
304	商业间谍		刺探竞争对手的信息
401	采购与仓储部经理	采购与仓储部	负责编制并实施采购供应计划，分析各种物资供应渠道及市场供求变化情况，力求从价格上、质量上把好第一关，确保在合适的时间，采购合适的品种及数量的物资，为企业生产做好后勤保障工作
402	原材料采购计划员		根据各种原材料的订货提前期和生产节奏，合理制订原材料采购计划
403	产成品统计员		统计产成品数量，及时交付订单
501	生产部经理	生产部	①负责生产计划的制订落实及生产和能源的调度控制，保持生产正常运行，及时交货；②组织新产品研发，扩充并改进生产设备，不断降低生产成本；③做好生产车间的现场管理，保证安全生产；④协调处理好有关外部工作关系
502	产能统计员		根据生产线的生产周期，确定各条生产线每年下线的产品数量和时间
503	设备建造监理		根据经营策略，确定生产线投资建造的开始时间、每季度投资和完工可用的时间
504	车间主任等		安排产品上线生产

组建企业管理团队后，企业管理团队将领导公司未来的发展，在变化的市场中进行开拓，应对激烈的竞争。企业能否顺利运营下去，取决于管理团队正确决策的能力。每个团队成员在做出决策时都应尽可能地利用自己的知识和经验，避免因匆忙行动而陷入混乱。

提示：

①对于有实践经验的受训者来说，可以选择与实际任职不同的职位，以体验换位思考。

②在课程进行的不同阶段，也可以互换角色，以熟悉不同职位的工作及流程。

3.3 模拟经营企业的规则与解读

一、分岗协同运行模式

约创企业经营模拟（互联网沙盘）采用团队协同方式运行，每个模拟公司由五个岗位（总经理、采购、生产、销售、财务）组成，各岗位在线上独立操作，并行作业，各司其职，公司依靠各岗位的协同运作，完成所有经营决策和运作活动，如图3-4所示。

图3-4 分岗团队构成

总经理在约创沙盘模拟企业中起核心作用，但是在5～6年的模拟经营周期中，总经理要“动口不动手”，即总经理除了要执行好自己的操作后，还要发挥组织者、指挥者和协调者的职能。

总经理的产生方式可以通过自我推荐或民主选举等方式由各家模拟企业自行产生；总经理组建自己的经营团队，团队内的岗位人员由总经理确定；在自主经营之初，总经理要组织团队讨论，确定本企业的企业使命、总体战略和具体经营战略，也就是说，总经理要带领团队讨论并确定战略和战术；在教师的组织下，各模拟企业的总经理要依次进行3～5分钟的就职演讲，其目的是引领学生进入角色状态，鼓舞士气。

总经理的就职演讲主要内容应包括（但不限于）：本企业的企业名称和标识，介绍本企业团队成员，本企业的总体战略。

模拟企业其他岗位成员，结合“各主要员工和辅助员工的工作内容和职能表”，熟练掌握和理解具体经营规则，并掌握本岗位在经营中用到的相关经营表格的编制与填制方法。

二、虚拟经营年度与运行时间

模拟经营企业的经营时间是由系统模拟时间定的，系统将实训以年为周期运行，经营时间的最小单位是天，即时间是按天推进的，这要求学生在操作时需要注意系统的模拟日历，在没有需要执行事项的天数段内，时间可以自行跳过，例如 1 月 1 日～1 月 30 日期间，模拟企业没有任何需要执行事项，此时可直接从日历时间上跳跃至 2 月 1 日，注意：时间的推进只能由总经理进行。系统把每年分为 12 个月，每个月 30 天，一年共计 360 天，完成整个实训过程共需要经营 6 年时间。

系统把每年分为年初、年中和年末三个阶段运行，每个阶段须执行该时间段的任务。系统默认的时间段为：年初时段 20 分钟，年中时段 60 分钟，年末时段 5 分钟，每年运行总时间为 85 分钟，每年经营结束到下年开始中间间隔时间为 10 分钟，每个经营时段须注意时间的控制，过了时间段，有些任务则不能进行，如图 3-5 所示。

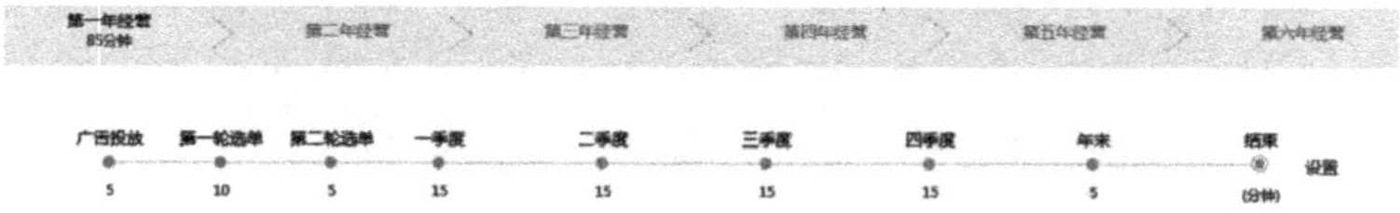

图 3-5 经营时间图

1. 促销阶段

模拟经营企业在促销阶段的主要任务是分析市场并投放广告，每个企业须根据自己的产能和市场情况投放适量的广告额，此时每个人都可进行操作，投放广告，此阶段投放的广告成为促销广告，如图 3-6 所示。

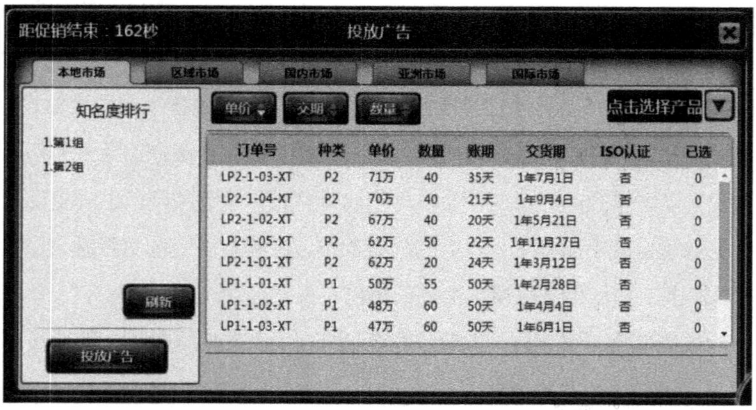

图 3-6 促销阶段

2. 第一次申请订单

进入申请订单阶段，企业可根据市场的订单分配情况和自己的产能状况进行订单申报，如图 3-7 所示。申报订单不一定会成功，市场会根据企业知名度与该市场的广告和经营诚信度按顺序分配订单量，注意此时停止投放促销广告。

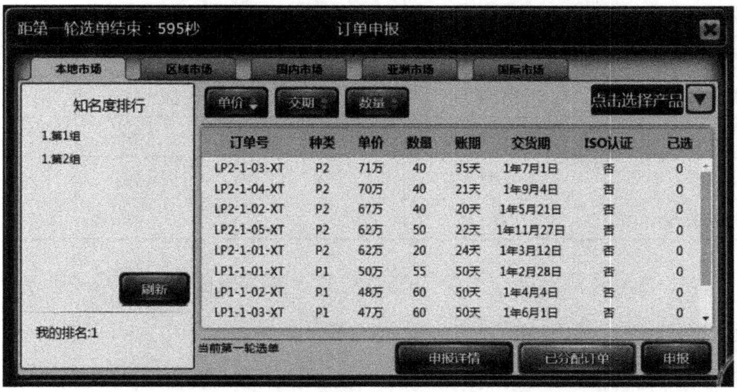

图 3-7 第一次订单申报阶段

3. 第二次申请订单

此时须提前查看订单分配情况，上一轮次如果没有抢到订单，可在这一轮继续申报订单，如图 3-8 所示。

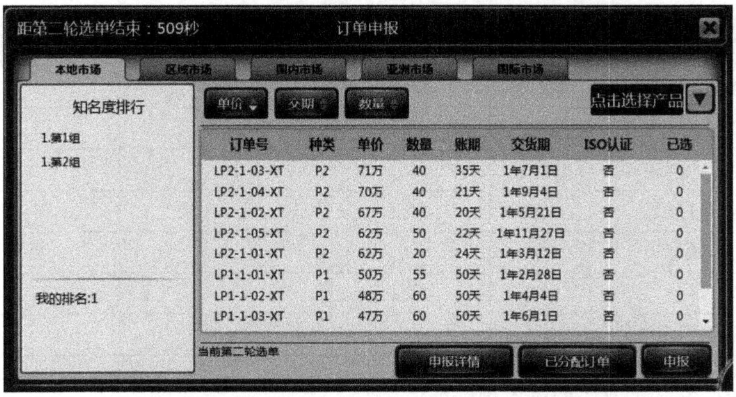

图 3-8 第二次订单申报阶段

4. 每季度的经营

此时企业经营步入常规经营模式，企业可在此时进行厂房租用、生产线购买、产品生产等操作，但需要注意的是每个季度的时间为 15 分钟，过了 15 分钟，系统则会自动跳到下一季度的第一天（见表3-2）。

表 3-2 每年阶段经营功能的时间分配

经营功能	运行启动	年初阶段	年中阶段	年末阶段
促销	手动	5分钟	×	×
第一次申请订单	自动	10分钟	×	×
第一次申请订单	自动	5分钟	×	×
第一季度	自动	×	15分钟	×
第二季度	自动	×	15分钟	×
第三季度	自动	×	15分钟	×
第四季度	自动	×	15分钟	×
报表审核提交	自动	×	×	5分钟

其中，“×”表示经营功能在本阶段是禁止的。每阶段的时间表示经营功能允许操作的时间，超过这个时间，该功能关闭。另外，教师在授课过程中，可以在后台控制时间，由于学生刚开始接触沙盘时对规则不够熟悉，教师可以适当暂停时间，暂停期间部分操作仍可进行，待学生熟悉规则后，教师也可以跳过经营时间操作，加快授课进度。

5.“年初”时段运行操作规则

（1）年初时段总时间是20分钟：用于当年参加各市场的销售订货会、市场资质的研发投资活动。具体任务及限定时间见表3-3。

表 3-3 年初时段任务清单

任务清单	岗位	促销广告（5分钟）	申请订单及分配（1）（10分钟）	申请订单及分配（2）（5分钟）
投放促销广告	总经理	√	×	×
市场资质（ISO）投资	总经理	√	√	√
填写经营计划表	总经理	√	×	×
申请销售订单	全岗	×	√	√
生产线预配	生产	√	√	√
贴现	财务	√	√	√
申请调拨资金	全岗	√	√	√

（2）促销及计划时段的操作规则如下：

①促销广告的目的是提升该市场中本企业的企业知名度排名，订单是按照申请者的知名度排名顺序进行分配的。企业知名度排名靠前的公司，更容易被分到申请的产品数量。

②投放促销广告只能在表3-3规定的时间内进行，第一次申请时段开始时，禁止促销广告投放。

③投放促销广告分市场投放，每个市场投放的广告只影响本市场当年的企业知名度排名。

④当年运行计划指标由总经理完成填写，且只能按表3-3规定的时间进行。

⑤计划可以进行修改，以最后一次提交的数据为准。

（3）第一次申请订单的操作规则如下：

①所有市场的所有产品均可同时申请多张订单的产品数量，即：选择一张订单，点击申请，填写需要获取的产品数量，然后确定提交申请，申请产品的数量将被显示在订单的申请数栏中。

②所有岗位都可以进行任何市场的订单申请，系统只更新接受最后一次点击确定的数量。

③清除某张订单的申请数时，选定该订单，点击申请，产品数量填“0”，然后点击确定即可。

④第一次申请时间结束后，系统将进行第一次订单分配，即：每张订单按照申请公司的企业知名度排名顺序，依次进行分配，直到该订单的产品数量为“0”时，本张订单的分配结束，开始下一张订单的分配操作。对于企业知名度排名靠后的公司，会有分不到或分不足产品的风险。

（4）第二次申请订单操作规则如下：

①第一次未分配完的产品订单在第二次申请时段显示，已经分配完的订单不再出现在可选订单中。

②其余的操作与第一次申请一样，直到第二次申请时间结束，系统自动进行第二次分配。

③第二次分配时，将会对两次分配中同号订单进行并单处理，如第一次被分配了LP1-01订单4个产品，第二次又申请了该订单2个产品，并分配成功，则最终获得的订单是LP1-01订单为6个产品。

6.“年中”时段运行操作规则

模拟经营企业结束有关“年初”操作后，则会进入“年中”阶段，“年中”运行采用虚拟时逐天运行的方式，系统默认全年虚拟运行时间共计360天，一个月30天，3个月为一季，一年分为12个月，此阶段主要执行运行的常规操作。

在没有相关操作的时间段内，可以选择直接跳过，运行时间采用两种模式推进。

（1）系统逐日推进

系统逐日推进即系统按天自动推进（如10秒/每天）。系统逐日推进模式下，各个公司均在同一个虚拟日期下进行操作，每一虚拟天所经过的系统时间相同，如每10秒推进一天。

（2）系统区段推进

系统区段推进即系统按区段自动推进（15分钟/每季度）。系统区段（季度）推进模式下，各公司可以自由选择该区段中的某天进行操作，每天操作的时间由各公司自己掌控，但必须在限定的区段时间内完成，否则区段时间结束，系统将自动结束本季度，所有公司未完成的日期操作，都将被自动跳到本季度结束状态，并马上进入下一季度的运行时间。

（3）操作日期人工推进的注意事项

①操作日期由总经理在每月的日历表中选择控制。

②操作日期只能向前选定，不能回退选定，如选择1月11日操作后，则只能选择1月12日或以后的日期，不能选择1月11日以前的日期。

③跳过的日期中如有没完成的操作，系统会自动根据选定的日期判断跳过的操作是否违规，比如：从3月1日，直接选定3月10日，中间的3月5日有原料到货的操作未执行，则跳到3月10日时，系统自动判定3月5日应到货的采购订单为收货违规。

④非季度末的月份中，要点击本月结束才能进入下月。

间。⑤季度末月份，操作完成后，只能等系统本季时间结束，才能进入下一季的运行时间。

⑥运行中操作页面上的时间进度条表示本季度运行的剩余时间（系统时间）。

7.“年末”时段运行操作规则

企业结束了年中经营的常规操作后，需要对各岗位制作“岗位统计报表”。岗位统计报表可以在“年中”和“年末”任何时间进行制作，每次填写后需要点击暂存保存结果，点击提交进行经营报表的修订。一个虚拟经营年度内，经营岗位统计报表可以多次提交。

经营报表由财务进行审核，点击上报后，结束本年操作。本年的所有岗位统计表不能进行提交操作，因此，本年的经营报表将不能进行修改。

“年末”运行时间结束还未点击“上报”的经营报表，系统将自动执行“上报”操作，即：结束本年运行，所有数据在教师端可以查看。

三、厂房类规则

系统为沙盘模拟经营企业提供了4块土地，这4块土地恰好能够建设4个厂房，厂房可以购买也可以租用，厂房建设成功后，可以在厂房内部建设生产线。如果租用厂房，第一年系统会自动扣取租金，厂房的租期是一年，厂房到期前30天内可续租，厂房到期日（含到期日）必须按时交租，如果在容忍期内，会扣减企业的经营诚信度（简称OID）减数1，并扣减违约金，而超过容忍期企业依然没有交租金，系统则会扣减OID减数2，并自动扣减相应的违约金。

企业在资金缺乏时，可以出售所购买的厂房，但厂房出售资金是几个账期的应收账款，企业如需马上使用，要进行资金贴现（见表3-4）。

表3-4 厂房相关规则

序号	厂房标识	生产线容量	价格（万元）	每年租金（万元）	出售账期（天）	租金违约金比例（%）	违约容忍期限（天）	OID减数1	OID减数2
1	A	4	200	60	120	10	30	0.1	0.1
2	B	4	200	60	120	10	30	0.1	0.1
3	C	4	200	60	120	10	30	0.1	0.1
4	D	4	200	60	120	10	30	0.1	0.1

总经理在执行厂房相关操作时，需要单击厂房调整，可以单击厂房购买或者厂房租用，在执行操作前，总经理账户需要有足够的金额进行抵扣，如图3-9所示。

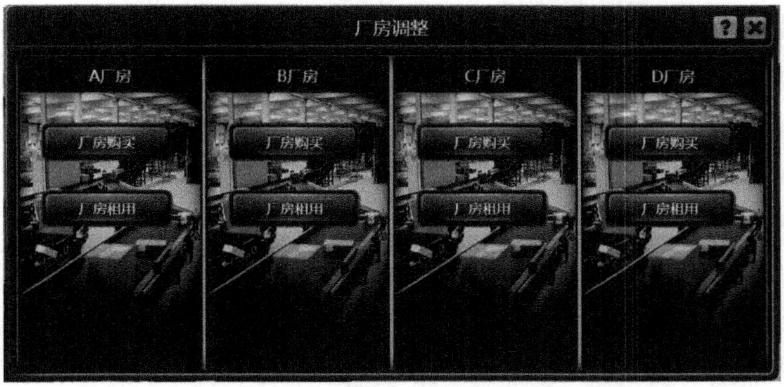

图3-9 厂房相关操作页面

四、固定资产规则

约创模拟经营企业的固定资产是指企业所拥有的生产线，企业在执行生产线操作前必须保证已经租用或者购置厂房。生产线共有三种，分别是手工线、自动线、柔性线。安装生产线需要花费一定资金，并且可能需要企业多期投资才能完成，生产线在生产过程中需要进行折旧，需要缴纳一定的维修费，生产产品时需具备相应的工人才能开始。

生产线的生产周期和生产产品的种类是固定的，如需转产则需要花费一定的资金和时间；每种生产线可以"技改"，"技改"后的生产线会提高生产效率，但生产线"技改"时需要花费一定的资金和时间。

生产线可以出售，但出售生产线所得仅为生产线残值，出售生产线的损失是资产损失，资产损失=生产线价值－累计折旧－残值，所以非常不建议执行该项操作，具体相关生产线的规则见表 3-5。

表 3-5 生产线规则

生产线标识	手工线	自动线	柔性线
安装每期投资（万元）	50	50	50
安装周期	0	3	4
每期安装天数	0	30	45
生产周期	2	1	1
每期生产天数	80	75	60
残值	5	15	20
技改期数	1	1	1
每期技改天数	20	20	20
每期技改费用	30	20	20
技改提升比例	0.25	0.2	0.2
技改次数上限	2	1	1
转产期数	0	2	0
每期转产天数	0	20	0
每期转产费用	0	20	0
折旧天数	360	360	360
折旧年限	6	6	6
维修费	5	15	20
操作工人总数	3	2	2
必须具备初级工	3	0	0
必须具备中级工	0	1	0
必须具备高级工	0	0	1

（1）安装期数指生产线的全部安装需要经过的“投资+安装”的过程次数，每次的动作是，投入资金（规定的“每期投资额”），然后经过“每期安装天数”，才允许进行下一期的“投资+安装”的过程，直到“投资+安装”的次数达到“安装期数”的要求后，才能建成投入生产。

（2）生产线建成总价=安装期数×每期安装投资额。

（3）生产线开始投资建线时，需要确定该生产线生产的产品种类，当生产线建成后拥有该产品的生产资质，方可开工生产。

（4）建线中的一期完成日期到达的当天或之后，必须通过点击“全线推进”结束本期，开启下期。

（5）生产过程按照生产期数推进，每期必须进行“全线推进”操作，方能进入下期生产；最后一期生产到期后，同样需要点击“全线推进”才能完工下线、产品入库，否则一直处于“加工中”的状态。每个生产期的天数，由每期生产天数决定，一个产品的加工总时间（天）=生产期数×每期生产天数。

（6）技改：技改是对安装完成的生产线所进行的减少每期生产天数的操作，一次技改减少生产天数=当前每期生产天数×技改提升比例。

（7）转产：如生产线变换生产品种时需进行生产线转产，转产条件如下：

条件1：只能在停产状态时启动转产操作。

条件2：生产总监的资金账户必须有足够支付转产费用的资金。

条件3：生产线的操作没有被冻结。

（8）折旧：生产线建成后360天内不计提折旧，之后每年提取一次折旧，提取的时间是：生产线建成第361天计提第一次折旧，第721天计提第二次折旧，依此类推，直到建成后的第七年，提取最后一次折旧后，不再进行折旧操作。提取的折旧额=（生产线总价值－生产线残值）÷折旧年限。

（9）维修费：建成的生产线按年提取维修费，以建成当天开始计算，每年的这一天就是支付维修费的截止日。维修费以账单的形式每月1日由系统生成提交财务，由财务完成支付（参见财务岗的“费用支付与扣除”）。

（10）生产线残值与出售：生产线残值有两个意义：

①判断生产线是否提取折旧的标准，当生产线原值－生产线残值⩽生产线残值时，不再提取折旧。

②出售生产线的价格，当出售生产线时，只能按照生产线残值出售，生产线剩余的价值，计入财产损失（参见财务岗位的报表说明）。

（11）操作工：每种生产线的操作都需要相应的操作工人完成。人员配套有两个重要的参数：

①操作工总数：每类生产线必需的操作工人数，如柔性线的操作工人数为2人。

②操作工级别：每类生产线要求的最低级别操作工的人数，如柔性线必须要有高级工1人，即柔性线必须由包括1名高级工在内的2人操作。

特别提示：要求的最低级别人数不够时，可以由高于本级别的工人代替，但相应的计件工资会提高（不同级别的工人计件工资参数见表 3-6）。

表 3-6 计件工资参数

工资类/工种	初级工（万元）	中级工（万元）	高级工（万元）
计件工资	4	5	6

五、原材料管理规则

约创模拟经营企业的原材料主要有四种，分别是 R1、R2、R3、R4。原料供货需提前预订，预定的材料不会马上到库，材料到库时需要支付材料费用，表 3-7 中的“交货期”为从材料预定到收货的时间。

原料预定申请时，系统会进行支付能力判断，如果当前支付能力不足，即满足“现有全部资金＋当前应收账款总计＋当前未收货原料的总价值＋可贷款额度<本次申请的原料总价值”条件时，判定本次申请失败。

“处理提前期”是允许到现货交易市场变卖原料距失效日期的天数，如表 3-7 中规定的 20 天，表示能够在现货市场进行出售的原料应距“失效日”20 天以上，换言之，距“失效”不足 20 天的原料，是不允许出售给现货市场的。

原材料是有一定质保期的，质保期从到货日开始计算，在库存原料中会显示失效日期，在失效日期（含当天）内，原料可以用于生产。原材料失效日后的第一天，系统会强制清除失效原材料（包括已经预配到生产线上的原材料），原料价值的损失计入违约罚金中。

表 3-7 原材料相关规则

序号	供应商标识	原料标识	单价	当前数量	质保期（天）	处理提前期（天）	交货期（天）	违约金比例	违约容忍期（天）	OID1	OID2
1	系统供应商	R1	10	600	200	20	30	0.1	20	0.1	0.1
2	系统供应商	R2	10	600	200	20	30	0.1	20	0.1	0.1
3	系统供应商	R3	10	600	200	20	60	0.1	20	0.1	0.1
4	系统供应商	R4	10	600	200	20	60	0.1	20	0.1	0.1

六、产品规则

约创模拟企业日常最重要的经营活动就是生产产品，能否保障产品的按时供应是企业能否生存下去的重要保障。产品的生产除了要具备生产资格和生产线之外，还需要遵循产品生产 BOM 物料规则（见表 3-8）。

表 3-8 产品 BOM 结构

序号	产品标识	R1（件数）	R2（件数）	R3（件数）	R4（件数）	P2（件数）
1	P1	1				
2	P2	1	1			
3	P3		2	1		
4	P4		1	1	2	
5	P5			2	1	1

BOM 物料结构清单是一个产品构成的所用原料或产品的件数，或称产品的生产配方，企业组织生产时，需要按照此配方准备原材料。

七、相关资格规则

约创沙盘模拟经营企业的相关规则主要有两大类，一类是市场准入资格，另一类是产品生产资格。

1. 市场准入资格

企业所生产的产品将来要销售到五个市场上去，但要进入这五个市场需要企业花费一定的资金才能够进入，同时产品在销售时，有些订单会要求企业拥有相应的 ISO9000、ISO14000 这样高质量的认证资格，这些资格需要企业花费一定的资金才能拥有。这些资格在研发时，需要注意以下问题。

（1）市场资质和 ISO 资质只能在每年年初进行，并且只能由总经理进行研发；

（2）每年只能进行一次投资；

（3）每年年初投资一次启动研发工作，下年年初完成本次研发；

（4）表 3-9 中规定的最后一次投资后，下一年资质才能生效，即可进入市场申请订单。

表 3-9 资格研发费用和情况说明

名称	开发费（万元/年）	合计开发时间（年）
国内市场准入资格	10	1
亚洲市场准入资格	10	2
国际市场准入资格	10	3
ISO9000 资格	10	1
ISO14000 资格	10	1

2. 产品生产资格

企业在生产产品前必须具有相应的生产资格，只有具备了相应的产品研发资质后，企业才可以开始生产该产品（见表3-10）。

表3-10 产品研发资质

序号	产品标识	投资期（年）	每期投资额（万元）	每期天数（天）
1	P1	1	10	60
2	P2	2	10	60
3	P3	3	10	60
4	P4	4	10	60
5	P5	5	10	60

只能在年中期间进行产品生产资质的研发，即每年的1月1日—12月30日期间，其中系统“年初”和“年末”时间不能操作；企业点击产品资质研发后，以每期投资额投入的日期开始计时，经过研发期（天）之后，完成一期研发；每期研发完成后，才能开始下期投资研发；可以选择马上开始下期研发，也可选择在之后的任何日期开始下期投资研发，直到最后一次投资研发后，系统自动授予产品生产资质（注：最后一次研发结束日的第二天资质才能生效）。

八、销售类规则

约创沙盘模拟经营企业每年需参加年初的订货会获得全年订单，订货会是每年年初企业分市场集中获取订单的过程，选单顺序依企业知名度排名确定。企业在订货会抢到订单后，需按时交单，否则需要缴纳一定的违约金。另外模拟经营企业也可以到订货会中的“临时市场”进行抢单。

九、业务执行的容忍期和强制取消/执行

模拟经营过程中企业与外界的交易活动（或业务）必须在规定的时间内完成，如产品销售订单必须在交货日期前交货，原料订货必须在到货日期收货入库等。

如果在规定日期内没有完成相关的业务操作，此时系统会允许延迟一段时间继续执行，这个延迟的时段称为容忍期，在容忍期内除了按照业务要求进行操作外，还须支付相应的违约金，这笔违约金在支付业务费用的同时支付；此外，系统也会根据相关规定扣减企业经营诚信度分数（此分数将来会影响公司信誉度）。

当企业容忍期结束时仍不能完成业务操作时，该业务将被强制处理。如企业不能完成相应订单时，订单会被取消（包括销售订单被取消，采购订单被取消），同时，系统会强制扣除违约金，并另外再扣减经营诚信度分数，取消的订单将返回市场；当企业的一些费用没有及时上缴时，系统会进行业务强制执行，如企业在容忍期后仍然没有偿还的贷款或

利息等，此时连同违约金会被强制从公司账户中扣除，如果账户资金不足，将扣减至负值，一旦企业账户资金被扣为负值，企业很多操作将没法进行。

在经营过程中要注意：容忍期内处理业务和强制取消/执行是两种不同的惩罚措施，虽然二者的处罚措施都有扣缴违约金，但最终要扣缴违约金的比例却不相同。而对于经营诚信度而言，企业一旦进入容忍期，不论是否完成业务，诚信度都要被扣减一次值，即 OID1 值，而企业如果进入强制时段执行，则要第二次扣减诚信度值，即 OID2 值。

十、企业知名度和经营诚信度（OID）值

企业知名度是公众对企业名称、商标、产品等方面认知和了解的程度。企业知名度分市场计算，各公司在一个市场中的企业知名度排名，决定该市场订单分配的先后顺序。

经营诚信度（简称 OID）是反应经营信用程度的指标，与公司运行的行为关联，不符合规则的业务行为（违约），将减少经营诚信度，每项业务的操作或是对 OID 产生增值的效应（见表 3-11），或是对 OID 产生减值的效应（见表 3-12）。OID 增值每年末自动计算一次；OID 减值计算则实时进行。OID 的变化计算公式为：

某市场的 OID 量化值=市场当前 OID 值＋市场 OID 增值−OID 减值

表 3-11 OID 增值规则

类别	OID 影响因素	影响范围	增值
OID 增值	交货无违约	单一市场	0.2
	市场占有率	单一市场	计算值
	贷款无违约	全部市场	0.1
	付款收货无违约	全部市场	0.1

表 3-12 OID 减值规则

类别	OID 影响因素		影响范围	减值结果
OID 减值	订单违约交单	容忍期内完成	单一市场	详见表 3-11、3-12 OID 增减值数据表
		强制执行		
	还贷及利息违约	容忍期内完成	全部市场	
		强制执行		
	付款收货无违约	容忍期内完成	全部市场	
		强制执行		
	支付费用违约	容忍期内完成	全部市场	
		强制执行		

表 3-13 OID 增减相关的经营操作

序号	动作	岗位	本地 OID	区域 OID	国内 OID	亚洲 OID	国际 OID	是否容忍	扣减违约金
1	交货无违约	系统	+	+	+	+	+	无	无
2	市场份额	系统	+	+	+	+	+	无	无
3	贷款无违约	系统			+			无	无
4	付款收货无违约	系统			+			无	无
5	订单违约交单	运营	-	-	-	-	-	有	有
6	取消订单强制扣除违约金	运营	-	-	-	-	-	有	有
7	原料订单延迟收货违约	运营			-			有	有
8	取消原料订单强制扣除违约金	运营			-			有	有
9	零售市场出售原料未能履约	运营			-			有	有
10	零售市场出售产品未能履约	运营			-			有	有
11	代工延迟收货违约	运营			-			有	有
12	取消代工订单并强制扣除违约金	运营			-			有	有
13	贷款延迟还款违约	财务			-			有	有
14	强制扣除应还贷款及违约金	财务			-			有	有
15	贷款利息延迟支付违约	财务			-			有	有
16	强制扣除应还贷利息及违约金	财务			-			有	有
17	延迟支付维修费违约	财务			-			有	有
18	强制扣除维修费及违约金	财务			-			有	有
19	延迟支付厂房租金违约	经理			-			有	有
20	强制扣除厂房租金及违约金	经理			-			有	有

企业在某个市场中的知名度与该市场的广告和经营诚信度 OID 有关，具体计算公式为：

某市场企业知名度的量化计算值=该市场当前 OID 值×（该市场当前年品牌广告×第 1 年有效权重＋上年品牌广告×第 2 年有效权重＋前年品牌广告×第 3 年有效权重）＋该市场当前的促销广告

十一、销售类型与订单分配

模拟经营企业的销售类型分为：订货会销售、临时交易、现货销售。

1. 订货会销售

订货会销售是以订货会的形式在每年年初举行，模拟经营企业只能在每年的年初参加一次订货会。企业进入订货会后，五个市场会同时进行订单的申请和订单分配，只要具备了相应的生产和市场准入资格，每个公司都可以申报订单，系统会根据公司需求量将每一张订单拆分分配给不同的公司。订单申请和分配的流程如下。

（1）订单申请。各队在规定的时间内，在各市场同时进行订单申请（注：只需填写订单中的产如A公司申请：LP1-001订单的10个数量，B公司申请LP1-001订单的6个数量等），然后点击申请按钮。企业在各个市场上申请订单时，需要到各个市场进行独立申请，而无法在一个市场申请其他市场订单。另外，企业在参加订货会时，可以多次提交申请订单，系统只记录最后一次提交的申请数量，如果企业想要取消申请订单，则只需将申请数改为“0”，然后点击申请即可。

（2）订单分配。订单申请时间结束后，系统进行订单分配。系统进行订单分配的方式是，按照申请公司的企业知名度排名顺序依次进行分配，如果公司申请某订单的数量小于该订单剩余产品数量时，按照申请的数量全额分配；若公司申请某订单的数量大于该订单剩余产品数量时，按照该订单剩余数量分配（申请人只能获得剩余产品数量）。

当某订单的产品剩余数量为“0”时，该订单分配完成，还没排到的公司将不能获得该订单的产品。

（3）相同知名度排名时的订单分配。如果两家以上知名度排名相同的企业申请了同一张订单，本着平等分配的原则，按照下述方法进行分配。

最小申请量平均分配法：取该订单申请排名相同的公司总数 S0，和相同排名各队中最小申请数量P0，计算：M0=P0×S0，如果M0小于订单剩余的产品数量（订单的产品数量足够让各公司都获得P0个产品），则排名相同的各公司将分配到P0数量的产品，依次进行分配，直到M0大于订单剩余的产品数量（订单剩余产品数量不够按照P0平均分配）时，执行按公司数平均分配法。

按公司数平均分配法：取剩余公司数S0和订单剩余产品数U0进行比较，当U0大于等于S0时，计算：M1=U0÷S0取整，按照M1的取整值将产品分配给每个剩余公司，当U0小于S0（剩余的产品数量不够剩余公司平均分到1个）时，本次分配结束，剩余的产品将进入下个排名的分配。

2. 临时交易

临时交易，作为市场经济中的一种灵活机制，特指在年中的运营期间内，如果出现已分配的订单被取消这种意外情况时，为有效利用资源和满足市场需求，相关方会重新设定商品的“价格”与“交货期”。这一过程并非简单的重新谈判，而是基于市场实时状况、供需关系变化以及可能的风险因素，进行全面评估后的决策。具体来说，临时交易有如下规则。

（1）临时交易发生在年中（1～12 月）的运行期间，在订货会的临时市场中进行申请分配操作。

（2）临时交易的订单都是年初订货会中已分配但被取消的订单。

（3）临时交易分市场进行。

（4）获取临时交易订单的资质要求与订货会的要求一样，除此之外还要求本年在该市场中没有违约交货的记录，否则将不能获取本市场的临时交易订单。

（5）当有公司的订单进入容忍期时，将发布临时交易市场订单预告，预告信息包括：市场名、产品名、产品数量、预计上架日期等。当容忍期的订单被取消时，即刻进入临时交易市场，但当容忍期内完成了交货的订单，则不再进入临时交易市场；换言之，预告的临时交易订单可能上架，也可能不上架。

（6）临时交易订单只能被运行在临时订单发生日期之后的公司查看到，运行时间在临时订单发生日期之前的公司将无法查看到该订单。

（7）临时交易订单按照先到先得的原则进行分配，与企业运行日期和企业知名度排名无关，即按照提交申请的系统时间确定先后，而不是按照公司的虚拟运行时间确定先后。

（8）临时交易订单可以被分割获得，即可以获取订单中的部分产品数量。

（9）临时交易订单可以被部分批准，即分配时，订单剩余产品数量小于申请数量，按剩余产品数量分给申请公司（申请公司只能取得部分申请的产品数量）。

（10）临时交易中多次申请同一张订单成功，如果没有交货的情况下，则按照单号合并成一张订单，其中产品数量等于多张订单产品数量之和，已交货的订单除外。如果临时交易订单直到交货日期仍然还有剩余的产品数量没有被公司申请，该订单将被取消，并且不再进入临时交易市场进行交易。

临时交易跨年处理的规则：如果订单的交货日期跨年，允许在下一年交货，销售收入计入下年报表；如果订单交货日期为本年，但容忍交货期跨年，临时交易订单允许跨年交货，销售收入及违约金计入下年报表，本年扣减经营诚信度（OID）分值，不计入下年的违约记录，即不影响下年进入临时交易市场获取订单的资格；如果在跨年的容忍交货日期后仍未交货，则取消该订单，扣减本市场的 OID 值，违约金计入当年的报表，不影响当年进入临时交易市场获取订单的资格。

3. 现货销售

现货销售是每季度均可在现货市场中根据市场价格进行的产品和原料的销售活动，交易过程由系统自动完成，无须市场准入，直接收入现金。

十二、原材料采购流程

约创模拟经营企业的原材料共有四种，这四种原材料不能够马上到库，需要在原材料订货大厅提前预订（称下原料订单），订单下好并经过交货期的时段后，在交货期到期的当日，在公司原料仓库中，需要执行收货操作，操作成功后，才算完成原材料的采购，将原料入库。原材料进行收货操作时，系统会自动执行货款支付操作，从采购岗位账户中，扣除到货原料的货款总额。

通常，原料订购失败的原因，主要有两个方面：第一，是由于支付能力不足造成下订单失败。企业每次下原料订单确认时，系统都会按照公式“现有各岗位全部资金＋当前应收账款总计＋当前未收货原料的总价值＋可贷款额度是否小于本次申请的原料总价值”进行判断，若公式成立，则本次企业所下原料订单操作失败；第二，则可能是由于岗位现金不足造成收货失败。进行收货操作时，都需要从采购岗位现金中扣除货款。如果扣款时采购岗位现金不足，系统自动判定收货操作失败，并记错误操作一次。

十三、容忍期收货和取消原料订单

企业在经营过程中若到货日未能完成收货操作，则从第二天开始，会进入收货容忍期（或称延期收货）。在容忍期规定的时段内，可以继续进行收货操作，但系统在扣除原料货款的同时，还要加收收货违约金，并扣减经营诚信度 OID 值。

如果在收货容忍期内企业仍不能完成收货操作，容忍期到期的当天订单将被强行终止，订单取消，同时从公司财务账户强行扣除收货违约金。系统会自动记录企业错误操作一次，再次扣减公司所有市场的 OID 分值。被取消的原料订单将会返回现货交易市场。被取消的原料，当天重新定价（如订货价的 2 倍）后，进入现货市场补充现货数量，充配到现货市场的原料数量只在当年有效。

十四、操作失误及操作失误率

每个岗位应在要求的时间（或时间内）完成操作，否则会影响经营结果。有具体任务节点的操作称为有效操作，凡是未按时完成的有效操作，都会影响经营结果，被视为失误操作。每个岗位的有效操作都被系统记录，如果该动作为失误操作，则系统记录失误一次。

每年年末，系统自动统计操作失误率，即：本年操作失误率=本年（有效）操作失误次数÷本年全部（有效）操作次数。

3.4 模拟企业经营报表的填制与分析

约创模拟经营企业虽然是对现实中企业的模拟，但其经营流程和经营思路与现实中的企业在本质上是一致的。在模拟经营中，为了加强对企业经营的控制，也要采取一定的管理控制手段对企业的经营过程进行规划。

企业在经营过程中，经营报表由费用表、销售统计表、利润表和资产负债表组成，每年各公司须在年末规定的时间内，完成经营报表的上报操作；本年结束时，对于未执行上报操作的公司，系统将自动上报当前状态的经营报表。在教师窗口可以查询到系统和公司上报的对比报表。

经营报表的制作由下列环节顺序完成：

填制岗位统计表→提交岗位统计表→生成经营报表→上报经营报表

岗位统计表包括经理统计表、运营统计表、财务统计表和生产统计表，分别由总经理、运营总监、财务总监和生产总监各自填报后，提交完成。注意：经营报表是由岗位统计表自动生成，不能直接被修改。

一、各项报表的填制

1. 费用统计表的格式见表 3-14

表 3-14 费用统计表

序号	项目	填报岗位
1	管理费	财务
2	广告费	经理
3	设备维护费	财务
4	转产及技改费	财务
5	租金	经理
6	市场准入投资	经理
7	产品研发费	经理
8	ISO 资格投资	经理
9	信息费	经理
10	培训费	财务
11	基本工资	财务
12	费用合计	本表 1 项～11 项之和

注：表中“填报岗位”一栏标注数据的来源项，如果此处有误，必须由填报岗位修改，并重新生成。

2. 销售统计表格式见表 3-15

表 3-15 销售统计表

序号	计算项	P1	P2	P3	P4	P5	合计
1	数量						本行 P1～P5 列之和
2	收入						本行 P1～P5 列之和
3	成本						本行 P1～P5 列之和
4	毛利	本列 2 项−3 项	本列 2 项−3 项	本列 2 项−3 项	本列 2 项−3 项	本列 2 项−3 项	本行 P1～P5 列之和

注：表中各产品的数量、收入、成本数据取自销售岗的统计报表。

3. 利润表的格式见表 3-16

表 3-16 利润表

序号	项目	本年发生
1	销售收入	销售统计表“收入”合计项
2	直接成本	销售统计表“成本”合计项
3	毛利	本表 1 项−2 项
4	综合费用	费用表“费用合计”项
5	折旧前利润	本表 3 项−4 项
6	折旧	财务统计表
7	支付利息前利润	本表 5 项−6 项
8	财务费用	财务统计表
9	营业外收支	财务、运营、经理岗统计表
10	税前利润	本表 7 项−8 项+9 项
11	所得税	财务统计表
12	净利润	本表 10 项−11 项

注：表中“本年发生”栏数据取自本年的费用表、销售统计表和岗位统计表，数据采集的说明详见费用表、销售统计表以及相关岗位任务中报表部分的说明。

4. 资产负债表

资产负债表是经营报表中最重要的一张报表，其格式见表 3-17。

表 3-17 资产负债表

序号	表项	年初数（上年期末数）	期末数
1	现金		财务统计
2	应收款		财务统计
3	在制品		生产统计
4	产成品		运营统计
5	原材料		运营统计
6	流动资产合计		本栏 1～5 项之和
7	土地和建筑		经理统计
8	机器与设备		生产统计
9	在建工程		生产统计
10	固定资产合计		本栏 7 项+8 项+9 项
11	资产总计		本栏 6 项+10 项
12	长期负债		财务统计
13	短期负债		财务统计
14	应付款		财务统计
15	应交税金		本年利润表 11 项
16	负债合计		本栏 12 项+13 项+14 项+15 项
17	股东资本		财务统计
18	利润留存	*	*本表年初 18 项+年初 19 项
19	本年利润	*	本年利润表 12 项
20	权益合计		本栏 17 项+18 项+19 项
21	负债+所有者权益总计		本栏 16 项+20 项

注：表中“年初数”栏数据取自上年的资产负债表，表中“期末数”栏的数据取自本年的利润表以及相关岗位的本年的统计表，数据采集的说明详见利润表和相关岗位任务中报表部分的说明。特别注意的是标注“*”的数据，在制作本表时，“年初数”是上年年末的资产负债表的“期末数”栏的数据，所以制作本表时，需要从上年的资产负债表中提取数据。

各岗位报表可以在年中操作过程中随时多次填报或修改并保存最新的更改数据。年末所有经营操作完成后，各岗位再将岗位报表提交给本队财务，系统将岗位提交的统计表汇总生成以上的本年经营报表。

各队最终上报的本年经营报表将和系统生成的经营报表对比，将不一致的数据标注在最终报表中。系统最终按照系统的经营报表进行经营结果的排名。

二、财务报表分析

通过对几张表的分析，可以发现模拟经营的企业在经营中的问题，可以帮助学生掌握现实中的企业如何进行财务分析。

1. 沙盘模拟企业的偿债能力的分析

偿债能力是指企业偿还债务的能力，如果企业的偿债能力较低，就会使企业面临破产的风险，所以沙盘模拟企业在正常经营中要保证企业维持恰当的偿债能力。

根据企业偿还债务的期限结构，偿债能力又分为短期偿债能力和长期偿债能力，具体反映偿债能力的指标见表 3-18。

表 3-18 偿债能力评价指标

指标名称		公式	说明
短期偿债能力	流动比率	流动资产/流动负债×100%	指标值 2 左右恰当
	营运比率	流动资产/流动负债×100%	大于零恰当
长期偿债能力	资产负债率	负债总额/资产总额×100%	处于 40%～60%恰当
	产权比率	负债/所有者权益×100%	反映资本结构
	权益乘数	1/（1−资产负债率）	反映负债对提高股东回报的加乘效应，负债越多，数值越大
	利息保障倍数	息税前利润/利息	利息可用利润表中的财务费用替代

2. 沙盘模拟企业盈利能力的分析

盈利能力是指企业获取利润的能力。企业的获利能力取决于两方面，一方面是收入，这就要求企业尽可能争夺市场份额，做大销售；另一方面是成本和费用，这就需要企业控制生产成本和费用的支付，提高成本和费用的使用效率，减少无意义的支出。

根据沙盘模拟企业的实际情况，本教材推荐了反映企业盈利能力大小的指标，见表 3-19。

表 3-19 盈利能力评价指标

指标名称	公式	说明
销售毛利率	（销售收入−直接成本）/销售收入×100%	反映产品的盈利能力
销售净利率	年度净利润/销售收入×100%	反映产品的盈利能力
销售费用率	综合费用/销售收入×100%	反映费用支出的效率
广告投入产出率	广告费/销售收入×100%	反映企业广告投放的合理性和效率，该指标越小，说明企业的广告方案越合理
净资产收益率	净利润/所有者权益×100%	反映企业为股东创造财富的能力

3. 沙盘模拟企业营运能力的分析

营运能力是指企业运用资产创造价值的能力。营运能力与企业的盈利能力和短期偿债能力都有一定的关系，企业有较好的营运能力，说明企业的资金周转速度较快，在单位时间内就可以提高企业的盈利能力，同时，资产也具有较好的流动性，偿债能力也提高了。

营运周转能力有两种表现形式，一种是一年内某资产的周转次数，用其周转额除以平均资产，其中，平均资产=（期初某资产+期末某资产）÷2；另一种是某资金周转一次所花费的天数。

根据沙盘模拟企业的实际情况，本教材推荐了反映企业营运能力大小的指标，见表3-20。

表3-20 营运能力评价指标

指标名称	公式	说明
存货周转率	销售收入/平均存货×100%	越大越好
存货周转天数	360/存货周转率	越小越好
应收账款周转率	销售收入/平均应收账款×100%	越大越好
应收账款周转天数	360/应收账款周转率	越小越好
流动资产周转率	销售收入/平均流动资产×100%	越大越好
流动资产周转天数	360/流动资产周转率	越小越好
固定资产周转率	销售收入/平均固定资产×100%	越大越好
固定资产周转天数	360/固定资产周转率	越小越好
总资产周转率	销售收入/平均资产总额×100%	越大越好
总资产周转天数	360/总资产周转率	越小越好

4. 沙盘模拟企业发展能力的分析

发展能力是指企业的资产、销售额等的增长能力，反映沙盘模拟企业的核心竞争能力。一般来说，发展能力的相关指标数值越高，说明企业的发展越好。但是，需要注意的是过快的增长速度，对企业来说不一定是好事情，因为，随着销售的增长和资产规模的增长，企业对资金的需求也随之加大，这时，如果没有很好的资金预算和融资能力，也会导致企业由于资金链断裂而破产。

根据沙盘模拟企业的实际情况，本教材推荐了反映企业发展能力大小的指标，见表3-21。

表3-21 发展能力评价指标

指标名称	公式	说明
销售增长率	（本年销售收入−上年销售收入）/上年销售收入×100%	越大，说明企业增长越快
利润增长率	（本年净利−上年净利）/上年净利×100%	越大，说明企业增长越快
总资产增长率	（本年资产总额−上年资产总额）/上年资产总额×100%	越大，说明企业增长越快
保值增值率	（本年所有者权益总额−上年所有者权益总额）/上年所有者权益总额×100%	越大，说明企业增长越快

5. 沙盘模拟企业的杜邦综合分析

以上四方面的分析，从不同角度对企业的财务状况和经营成果进行了分析，但是，都存在片面性，所以，为了综合反映企业对股东财富的创造能力，从总体上判断企业的财务状况和经营成果，需要对企业进行综合分析。对企业进行综合分析的方法很多，本教材推荐了杜邦分析法①进行综合分析。

杜邦分析法从两个角度分析了财务状况，一是对内部管理因素进行了分析，二是对资本结构和风险进行了分析，反映了一些财务指标之间的关系。如图 3-10 所示。

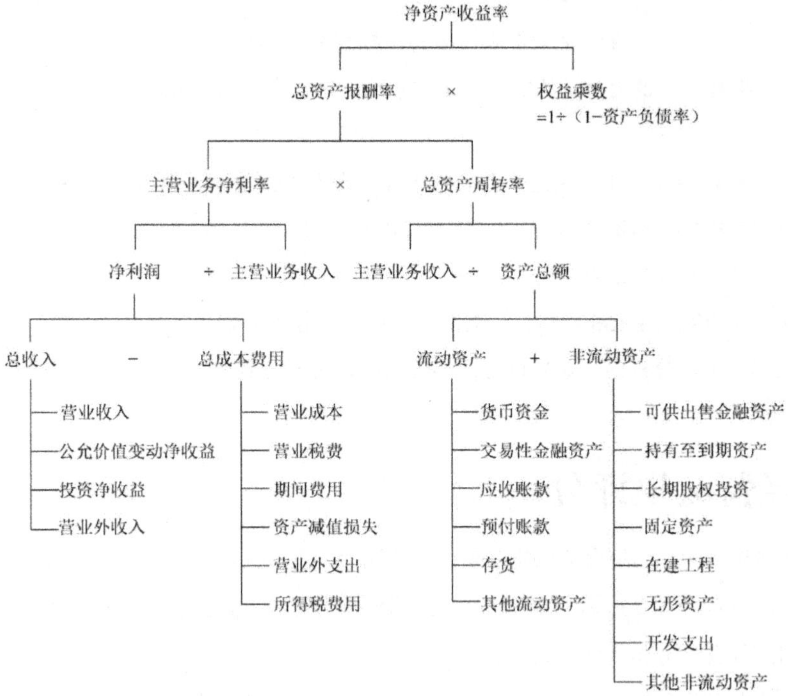

图 3-10 杜邦分析图

净资产收益率是一个综合性最强的财务比率，是杜邦分析系统的核心。它反映所有者投入资本的获利能力，同时反映企业筹资、投资、资产运营等活动的效率。决定净资产收益率高低的因素有权益乘数、销售净利率和总资产周转率，这三个比率分别反映了企业的负债比率、盈利能力比率和资产管理比率。

总资产报酬利率既是一个综合性的指标，也是一个重要的财务比率，其综合性较强。

① 由美国杜邦公司率先采用，故称为杜邦体系分析法。它主要是通过杜邦分析图将有关指标按内在联系加以排列，从而直观地反映出企业的财务状况和经营成果的总体面貌。

它是销售（营业）净利率和总资产周转率的乘积，因此，要进一步从销售成果和资产营运两方面来分析。销售净利率反映了企业利润总额与销售收入的关系，从这个意义上看，提高销售净利率是提高企业盈利能力的关键所在。要想提高销售净利率：一是要扩大销售收入，二是降低成本费用。降低各项成本费用开支是企业财务管理的一项重要内容，通过将制造费用、管理费用、财务费用、销售费用等各项成本费用开支列出来，有利于企业进行成本费用的结构分析，加强成本控制，以便为寻求降低成本费用的途径提供依据。要提高总资产周转率，则需要提高资产的利用效率，减少资金闲置，加速资金周转。

权益乘数反映企业的负债状况。这个指标高，说明企业资产总额中的大部分是通过负债形成的。负债经营不仅给企业带来较多的杠杆利益，同时也给企业带来了较多的风险，而这个指标低，说明企业的财务政策比较稳健，较少负债，风险也小，但获得超额收益的机会也不会很多。

杜邦分析既涉及企业获利能力方面的指标（净资产收益率、销售利润率），也涉及营运能力方面的指标（总资产周转率），同时还涉及举债能力指标（权益乘数），可以说杜邦分析法是一个三足鼎立的财务分析方法。

同学们可以利用 Excel 软件，按上图所示设计的分析框架，从沙盘企业的三表中取数来进行杜邦分析，分析中，最好进行两年的对比，可以得到更多有价值的信息和结论。

3.5 经营成果评分

每年经营结束，系统自动以排名表的形式测评经营成果。经营成果包括当前净利、当年权益和经营评分三个指标，并就这三个指标分别进行由高到低的排名，一般可以选择当前年权益或经营评分作为训练或比赛成绩。

当年净利和当前权益值由系统自动从当年的资产负债表提取；经营评分则是根据经营活动质量指标和当前权益进行综合计算而得，其计算公式为：

第 X 年的经营评分=（当年 OID 总值－第 1 年操作失误率－第 2 年操作失误率－…－当年的操作失误率）×当年权益

其中：OID 总值是各市场的 OID 值的合计，第 X 年的操作失误率=第 X 年的操作失误数÷第 X 年的总操作数。

第4章

约创电子沙盘模拟经营分岗教学

4.1 模拟经营市场环境了解

约创沙盘模拟经营企业的经营环境如图 4-1 所示，模拟操作的页面叫作“城镇”，城镇中的各运营单位有自己的职能，学生操作时可按照自己的业务需求，到模拟部门进行操作。

图 4-1　经营环境图

1. 公司大厦

公司的办公地点、总经理、财务总监、销售总监、生产总监、采购总监办公室

2. 银行

（1）年中任何时间

（2）财务总监执行贷款

（3）含短贷、长贷

3. 现货交易市场

（1）任何时间皆可操作

（2）采购总监可进行原材料购入、出售

（3）销售总监可进行产品的购入以及出售

（4）直接进行现金交易

4. 品牌市场大厦

（1）年中任何时间

（2）总经理投放

（3）按照 60%、30%、10%的比例在未来的三年生效

5. 原料订货大厦

（1）年中任何时间

（2）采购总监预订

（3）在采购总监仓库进行，货到付款

6. 生产车间

（1）生产总监的办公地点

（2）可进行生产操作

7. 订货会

（1）年初由总经理投放促销广告

（2）选择市场订单

（3）选单分为两轮进行

（4）订单系统统一分配，手动选择

8. 代工厂

公司产能不足时可在此找系统代工厂进行代工生产

4.2 总经理分岗教学

担任总经理角色的学生单击“公司大厦”，单击列表中的“总经理办公室”，即可以进入总经理操作页面，如图 4-2 所示。操作页面顶端显示了系统当前时间，系统时间旁边有企业的工作任务日历（可以通过工作任务日历推进时间），日历旁边有实训的规则介绍，忘记规则时可以点开查看。相互协同通道可以方便角色之间的切换，也可以直接返回“城镇”。

图 4-2 总经理办公室页面

总经理可以通过消息中心查看企业的最近相关消息，也可以通过公司详情页面详查公司内部情况，公司详情页包括公司经营的绝大部分信息，总经理在经营过程中需要经常查看公司详情页，对公司的情况要非常了解。

总经理的任务出现在操作页面的下方，总经理在一个经营年度应当按照表 4-1 的顺序执行操作。

表 4-1 总经理任务清单

序号	运行期	任务
1	年初	市场分析
2	年初	市场开发、ISO 认证开发投资
3	年初	投放促销广告
4	年初	填报当年经营指标计划
5	年初	参加订货会，获取订单
6	年中	岗位经费申请
7	年中	品牌广告投放
8	年中	购买/租用厂房
9	年中	产品研发投资
10	年中	购买商业情报
11	年中/年末	填报总经理报表

1. 市场分析

没有方向的企业犹如在大海中看不到灯塔的船只，盲目的经营必然会导致企业经营的失败，总经理在每年年初时需要带领自己的团队对市场进行准确的分析，经过市场分析后才能确定哪些产品在市场上畅销、哪些产品能给企业创造更高的利润。进行市场分析时，总经理可单击“年初订货”，进入年初订货页面后，单击“市场分析”，会进入市场预测页面，其中有各个市场对各种产品的需求量和价格趋势图。其他组员可单击城镇中的“订货会”，进入订货会后单击“市场分析”，全组成员可共同讨论和分析市场，以便做出更适合企业发展的战略，如图 4-3 所示。

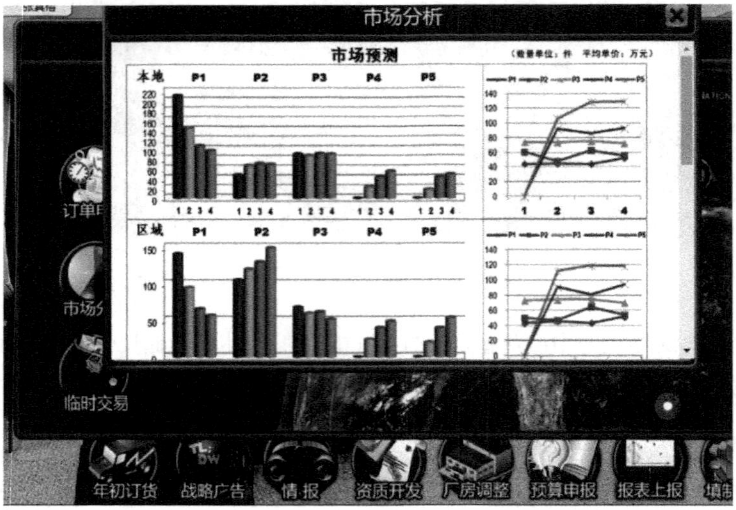

图 4-3 市场分析图

2. 市场资质研发规则

企业所生产的产品将来要销售到五个市场中去，企业需要花费一定的资金才能够进入这五个市场。产品在销售时，有些订单会要求企业拥有相应的 ISO9000、ISO14000 这样高质量的认证资格，这些资格也需要企业花费一定的资金才能拥有（见表 4-2）。在研发这些资格时，需要注意以下几个问题。

（1）市场资质和 ISO 资质只能在每年年初进行，并且只能由总经理进行研发；

（2）每年只能进行一次投资；

（3）每年年初投资一次启动研发工作，下年年初完成本次研发；

（4）表中规定的最后一次投资完成后，下一年资质才能生效，即可进入市场申请订单。

表 4-2 资格研发费用和情况说明

名称	开发费	合计开发时间
本地准入市场资格	10 万元/年	1 年
区域市场准入资格	10 万元/年	1 年
国内市场准入资格	10 万元/年	1 年
亚洲市场准入资格	10 万元/年	2 年
国际市场准入资格	10 万元/年	3 年
ISO9000 资格	10 万元/年	1 年
ISO14000 资格	10 万元/年	1 年

资质开发流程：

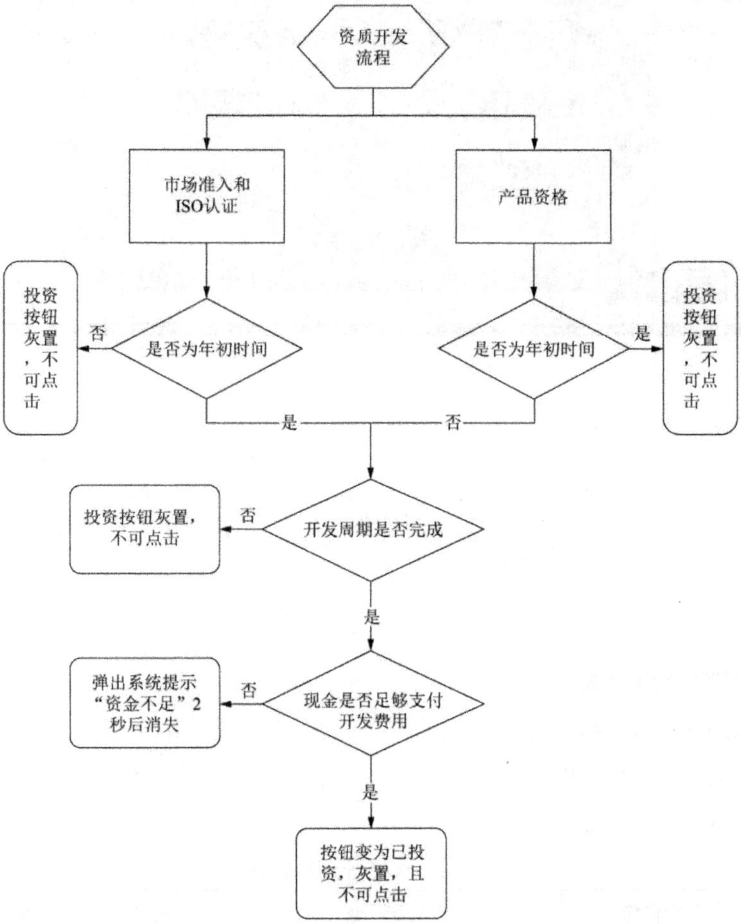

3. 促销广告投放

企业具有市场资格后，可以到广告页面投放促销广告。因为系统会根据企业的知名度从上到下排序抢单，知名度靠前的公司可先抢单，而排名靠后的公司如果想提前抢单，就需要依靠投放促销广告，获得靠前的资格，如图 4-4 所示。由于企业第一年的市场排名是一致的，所以哪个公司投的促销广告多则哪个公司可以先抢单。

年初投放促销广告操作只能由总经理执行，总经理也可以选择不投促销广告，只要市场有足够的单，不投促销广告仍然可以抢到单，但抢单顺序会比较靠后。

提醒：

促销广告需要分开市场投入。

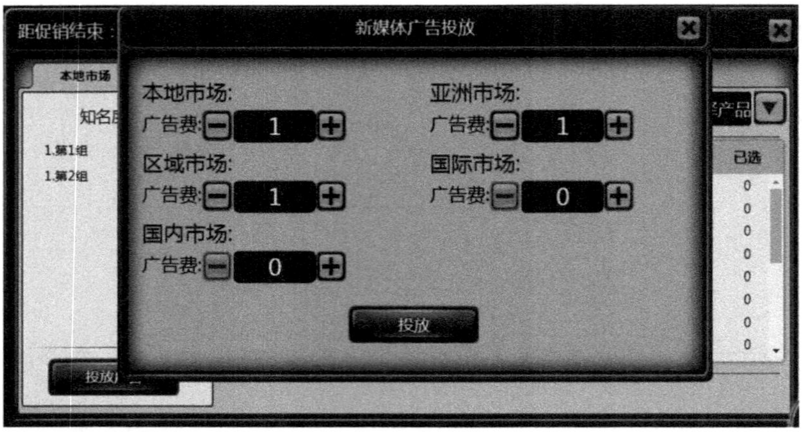

图 4-4 投放促销广告页面

广告流程：

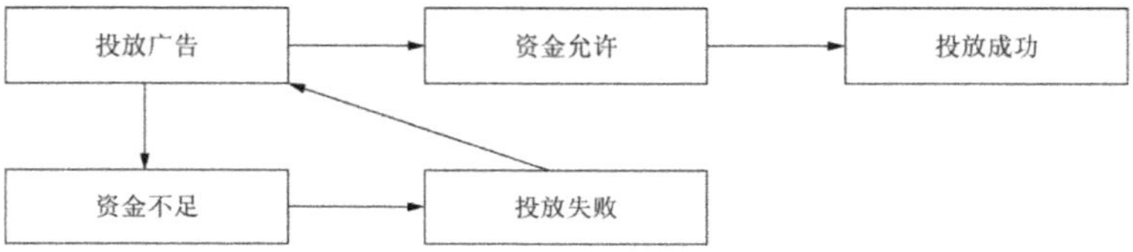

4. 填报当年经营计划

为了更好地实现组织目标，总经理需要在企业每年经营开始前，制定本年经营的三个目标，并将目标值写到“经营指标计划”中，等到经营年度结束以后可以考量企业的经营目标完成情况。

表 4-3 年度计划制订表

经营指标	目标计划	实际完成	目标达成率
销售收入			
利润			
综合市场份额			

5. 参加年度订货会获取订单

企业的促销广告投资完毕，年度经营计划制订完成后，就可以到市场中参加年度订货会获取订单，企业整个年度所生产的产品需要在订货会中被销售。市场会按照企业知名度对抢单进行排序，总经理和销售总监此时需要对订单进行分析和申报，如图 4-5 所示，申报时，须单击该订单，并可申报不超过该订单数量的总产品数，单击确定即可申报。待整个选单结束后，系统会公布企业的申报详情。选单顺序共有两轮，对于第一轮抢单不够满意的组仍然可以进行第二轮选单。

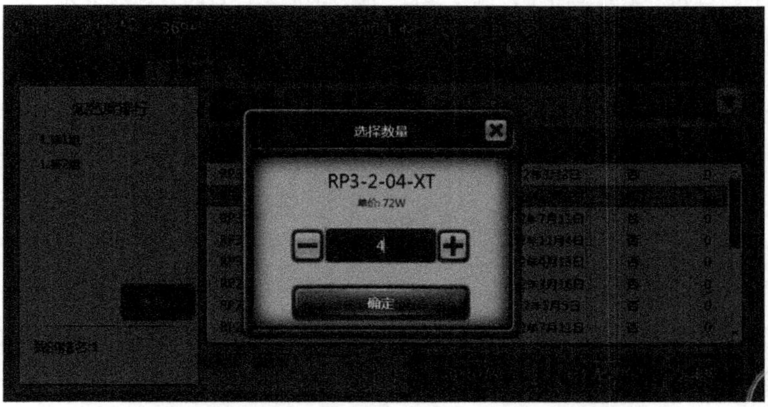

图 4-5 订货会订单申报

6. 岗位经费申请

沙盘模拟经营企业的所有资金都在财务总监处存放，总经理在进行相关项目投资时，需要向财务申请经费，并填写申报经费的原因。总经理在执行相关操作时，可单击“预算申报”，进入预算申报页面后，填写申报金额和申报理由（可不填）后，方可向财务总监申领经费，待财务总监批准后即可进行相关投资操作，如图 4-6 所示。

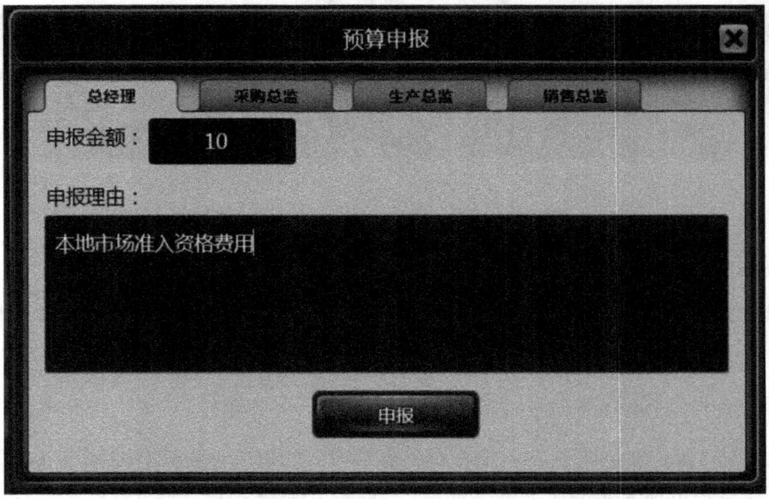

图 4-6 预算申报页面

7. 战略广告投放

战略广告会影响企业未来的知名度，并对企业知名度有持续 3 年的影响，见表 4-4。

企业知名度的排名计算在每季度初和年末进行，即：每年的 1 月 1 日、4 月 1 日、 7 月 1 日、10 月 1 日和年末开始时进行排名计算，所以当前季度只能看到截止到上季度或12 月末为止的企业知名度排名状况。

表 4-4 战略广告情况

广告类型	投放时间	市场	广告效应延迟时间	广告基数	第 1 年有效权重	第 2 年有效权重	第 3 年有效权重
战略广告	每季度	分市场投放	3 年	投入该市场有效品牌广告总和	60%	30%	10%

战略广告在经营期间任何时间都可以投放，总经理在投放战略广告时，须单击操作页面下方的“战略广告”，进入战略广告页面后，输入相应的数额，单击“点击投放”，即可以完成战略广告的投资。

图 4-7 战略广告投资

8. 购买或租用厂房

系统为沙盘模拟经营企业提供了四块土地，这四块土地恰好能够建设四个厂房，厂房可以购买也可以租用，厂房建设成功后，可以在厂房内部建设生产线。如果进行厂房租用，第一年系统会自动扣取租金，厂房的租期是一年，厂房到期前 30 天内可续租，厂房到期日（含到期日）必须要按时交租，如果在容忍期内，会扣减企业的 OID 减数 1，并扣减违约金，而超过容忍期企业依然没有交租金，系统则会扣减 OID 减数 2，并自动扣减相应的违约金（见表 4-5）。

企业在缺乏资金时，可以出售所购买的厂房，但厂房出售资金是几个账期的应收账款，企业如需马上使用，要进行资金贴现。

表 4-5 厂房相关规则

序号	厂房标识	生产线容量	价格（万元）	每年租金（万元）	出售账期（天）	租金违约金比例（%）	违约容忍期限（天）	OID 减数 1	OID 减数 2
1	A	4	200	60	120	10	30	0.1	0.1
2	B	4	200	60	120	10	30	0.1	0.1
3	C	4	200	60	120	10	30	0.1	0.1
4	D	4	200	60	120	10	30	0.1	0.1

总经理在执行厂房相关操作时，需要单击“厂房调整”，可以单击“厂房购买”或者“厂房租用”，在执行操作前，总经理账户需要有足够的金额进行抵扣，如图 4-8 所示。

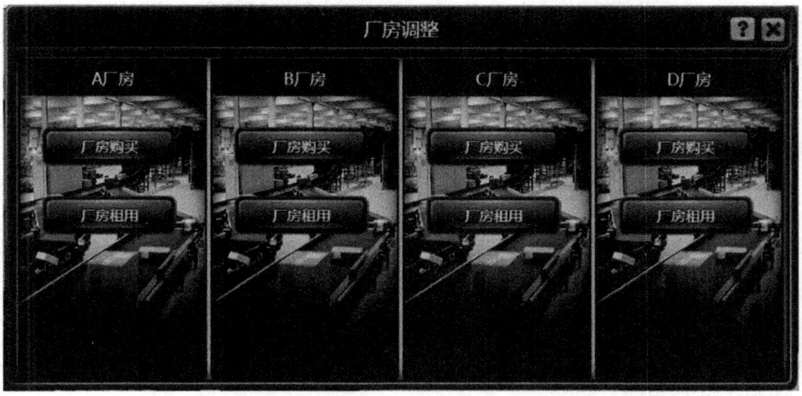

图 4-8 厂房相关操作页面

购买流程：

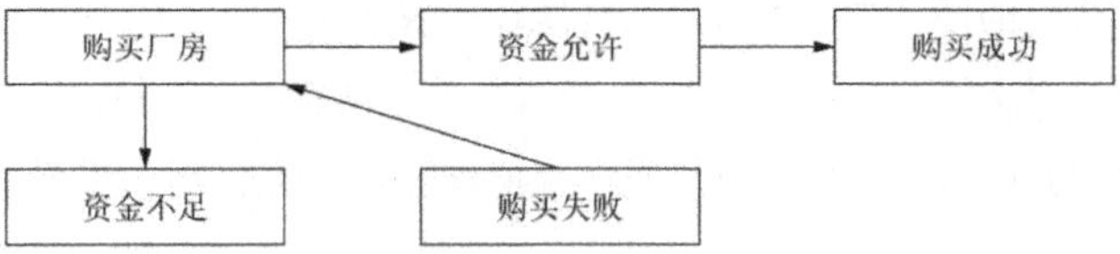

租用流程：

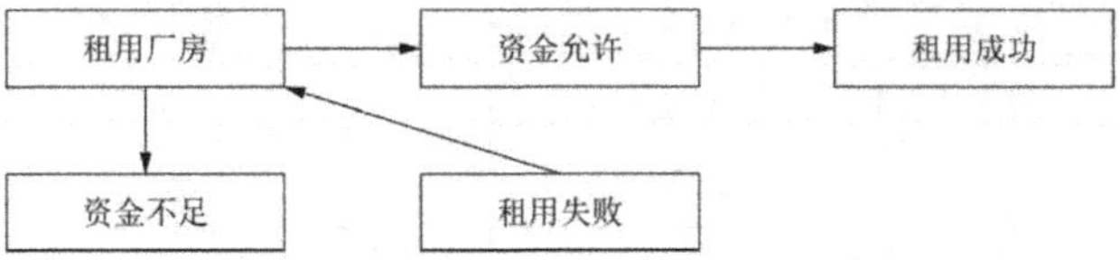

续租流程：

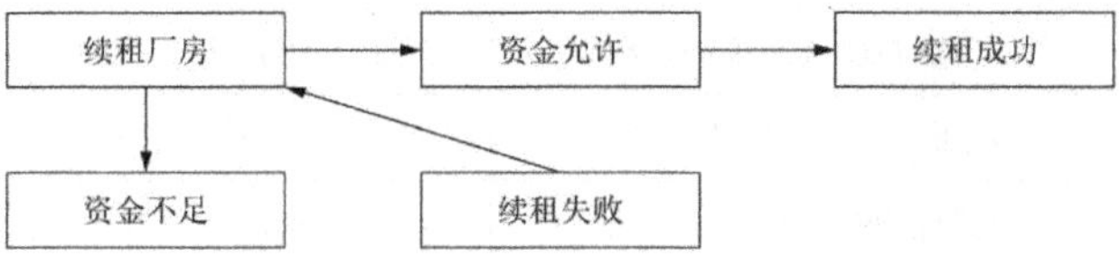

9. 产品研发投资

企业在生产产品前必须具有相应的生产资格，总经理在研发该产品时，仍需进入资质开发页面，点击“产品资质研发”即可。

产品资质研发时，只能在年中期间进行产品生产资质的研发，即每年的 1 月 1 日～12 月 30 日期间，其中系统“年初”和“年末”时间不能操作；企业点击产品资质研发后，以每期投资额投入的日期开始计时，经过研发期（天）之后，完成一期研发；每期研发完成后，才能开始下期投资研发；可以选择马上开始下期研发，也可选择在之后的任何日期开始下期投资研发，直到最后一次投资研发后，系统自动授予产品生产资质（注：最后一次研发结束日的第二天资质才能生效）（见表 4-6）。

表 4-6　产品研发资质

序号	产品标识	投资期（年）	每期投资额（万元）	每期天数（天）
1	P1	1	10	60
2	P2	2	10	60
3	P3	3	10	60
4	P4	4	10	60
5	P5	5	10	60

10. 购买商业情报

企业在经营过程中，可以花费一定的费用购买商业情报，该项操作由总经理完成。

11. 填报总经理统计报表

总经理应在每年的经营中，填报总经理统计报表（见表 4-7），填报时只需填报金额栏，并按照各项的“金额项填报说明”，汇总当年发生的金额数据填报，统计报表可以在年中和年末的任何时间进行填报。总经理在填报报表时，单击屏幕的“填制报表”，进入页面后在相应的金额栏内输入正确的金额。

表 4-7　总经理统计报表

项目	项目填报说明	与其他表的关系
广告费	当年战略和促销广告投放总额	费用表——广告费
租金	当年支付的厂房租金	费用表——租金
市场准入投资	当年市场资质投资总额	费用表——市场准入投资
产品研发	当年产品研发资质投资总额	费用表——产品研发
ISO 资格投资	当年 ISO 资质投资总额	费用表——ISO 资格投资
信息费	当年购买商业情报的总费用	费用表——信息费
厂房价值	当前已购买的厂房总价值	资产负债表——土地建筑

4.3 财务岗位引导年操作

担任财务岗位的同学进入“城镇”页面后，单击“公司大厦”选择“财务办公室”即可进入财务岗位的操作页面，如图 4-9 所示。财务总监页面的上方有企业所拥有的资金数，资金旁边是企业正在进行的虚拟经营时间、经营日历以及规则。页面的右上方有方便角色相互切换的协同通道，以及通往“城镇”的通道。协同通道下方有消息中心和公司详情，方便财务知晓公司的内部情况。每个经营年度结束后，财务总监可以在“查看年度经营结果”处查看公司和其他公司的经营成果，此处会显示公司的利润、权益以及总分。

图 4-9 财务总监操作页面

财务总监的任务出现在操作页面的下方，财务总监在一个经营年度应当按照表 4-8 的顺序执行操作。

表 4-8 财务总监任务清单

序号	运行期	任务
1	年初	参加订货会
2	全年	岗位现金申请审核并拨款
3	年中	贷款申请
4	年中	每月支付费用（包括到期贷款和利息）
5	年中	应收账款及应收款的贴现
6	年中	资金调配（反向拨款）
7	年中/年末	填制财务统计报表
8	年末	审核年度报表并上报
9	全年	查询商业情报及经营详情

1. 参加订货会

企业的发展必须建立在对市场的准确预测和分析中，市场定位不准确则企业很难发展起来，这就要求经营团体要对市场有准确的认识，而系统模拟经营的年初时间也比较有限，这就要求经营团队的每个成员都要参加年初的订货会，共同商议企业的发展趋势。同时，财务总监通过对市场情况的了解，更好地做出预算方案，方便企业日后经营。

2. 岗位现金申请审核并拨款

财务总监在经营过程中，要注意操作页面的拨款项目的变化，当拨款项目上方的数字不为 0 时，则意味着其他岗位进行了现金申请，财务总监单击“拨款”图标，可进入用款申请的页面，如图 4-10 所示，查看申请理由和申请款额后，财务总监可以选择批准或驳回操作。注意：财务总监在批准时，财务总监账户必须有不低于申请款额的资金。

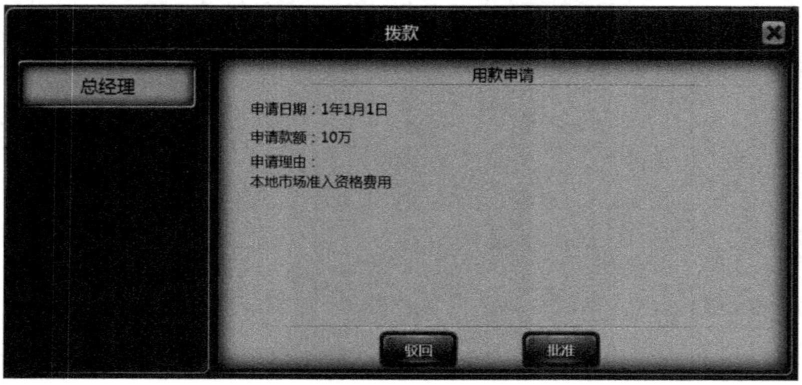

图 4-10　拨款操作页面

3. 贷款申请

企业在经营过程中，遇到资金缺乏问题时，可以选择贷款融资。企业的贷款形式有长贷和短贷两种方式，其中长贷是指企业向银行借入超过一年以上（不含一年）的各项借款，企业可在年中任何日期申请长期贷款，贷款期通常 2 年到 5 年（包含 2 年和 5 年），每满一年即付利息，到期一次性付息还本；短期借款是指企业向银行借入的期限在 1 年以内（含 1 年）的各项借款。企业可在年中任何日期申请短期贷款，贷款期通常 2 个季度到 1 年，到期一次性付息还本。企业向银行贷款申请金额时，可以选择组合贷，系统每月 1 日会提供本月到期贷款和利息的账单，但不提供具体到期日的信息（可以在“收支明细”查询具体到期日期），正常还款和还利息应该在贷款到期或者利息到期日之前（包括到期日当天）操作，否则将进入容忍期，产生违约金和 OID 减值。

企业的贷款规则见表 4-9 。

表 4-9 贷款规则说明

贷款类型	长贷	短贷
额度计算倍数	3	3
还款方式	每年付息，到期还本	到期还本付息
利息违约容忍期（天）	30	30
还款违约容忍期（天）	25	25
利息违约金比例（%）	10	10
还款违约金比例（%）	10	10
利息 OID 减数 1	0.1	0.1
利息 OID 减数 2	0.2	0.2
还款 OID 减数 1	0.1	0.1
还款 OID 减数 2	0.2	0.2

财务总监在贷款的时候，还需要注意以下问题：企业贷款的申请时间可以是各年正常经营的任何日期，但不包括“年初”和“年末”；企业贷款类型虽然可以自由组合，但长短贷额度之和不能超出上年权益的 3 倍，具体的计算方法是：企业贷款额度=上年权益×额度计算倍数（上年权益额从上年“资产负债表”中提取）。特别提示：如果当月应还贷款进入容忍期（违约未还），则不能进行贷款操作（不论是否还有额度），换言之，每月只有应还贷款账单总额为零时，方能申请贷款；如有应还贷款额，则必须先还款，再申请新的贷款。

财务总监在申请贷款时，可以单击“协同通道”进入城镇，然后单击“银行”进行贷款，或者也可以在财务总监页面单击“银行贷款”图标，进入银行贷款页面，如图 4-11 所示，该页面会显示贷款的数额和贷款时间，其中贷款金额是按份额出现的，一般一份是 10 万元或者 20 万元，总贷款量=份数×贷款金额，如某份贷款金额是 10 万元，财务总监需要贷款 10 份，则总贷款量=10 份×10 万元=100 万元，在执行操作时切不可直接输入贷款数额，贷款即将到期的月份，可以选择当月提前操作。

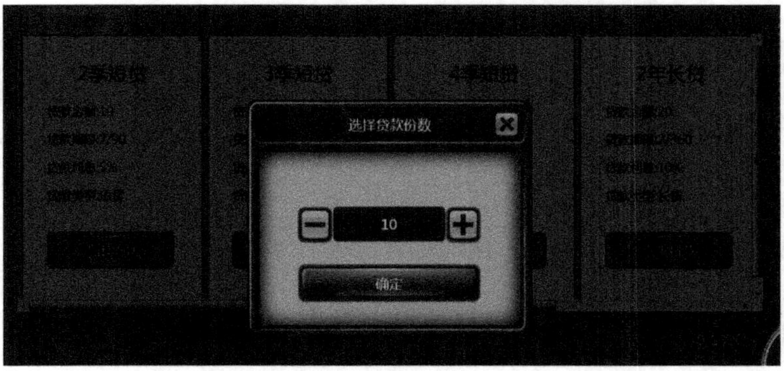

图 4-11 银行贷款页面

4. 每月支付费用

每月 1 日，系统会按照表 4-10 中规定的计算方式，自动计算出本月应交的费用项，分别列示在当月应交费用表内，利息和银行还款也被列在本费用表中一并处理（贷款到期当月），费用支付有系统自动扣减和手动支付两种，自动扣减项：在当月计算后，系统自动执行支付（如所得税和折旧）；手动支付项：在本月的任何日期，先手动选择费用项，点击支付按钮执行支付，被选定的费用项全额支付。

表 4-10 费用计算规则

费用类型	算法	费用比例	扣减资源	计算时间	是否手工操作
管理费	每月 5 万	不涉及	现金	每月 1 日	是
维修费	生产线原值×费用比例	10%	现金	每月 1 日	是
折旧	（原值-残值）÷折旧年限	不涉及	生产线净值	每月 1 日	系统自动扣除
所得税	利润总额×所得税率	20%	现金	每年年末	是
应还贷款	本月到期贷款额	1	现金	每月 1 日	是
应还利息	本月到期贷款额×利率	1	现金	每月 1 日	是

如果费用项有指定的到期支付日期（如生产线的维修费 16 日为到期日），可以选择在到期日之前（包括到期日当日）支付，否则按违约处理。换言之，本月内到期的费用可以选择提前支付；如果某种费用支付截止日前未完成支付操作，则被记为违约费用，需要额外计算违约金（违约金=费用本金×违约比例），此时显示的应支付费用即为费用本金＋违约金；如果本月费用没有在 30 日前（包括 30 日）支付，将合并到下月费用中。但上月未交费用为违约未交状态，并按照设定的违约金比例，计算违约金，违约金将被合并到下月费用中。如果容忍期内仍然没有完成支付，系统将强制扣除违约的费用及违约金，并按照表 4-11 的规则，扣减全市场的 OID 值，并记失误操作；本年 12 月份，将对本年的所有费用进行强制清缴，即：

表 4-11 费用违约规则说明

费用明细	是否扣减全部市场 OID	违约金比例	违约容忍期限（天）	OID 减数 1	OID 减数 2	是否记录失误
管理费	否	0	30	0	0	是
所得税	是	10%	30	0.2	0	是
折旧	否	0	30	0	0	是
维修费	是	10%	30	0.1	0.1	是
基本工资	否	0	30	0	0	是
员工福利	否	0	30	0	0	是

（1）12 月份的所有费用的容忍期到期日调整为 12 月 29 日；

（2）12 月 30 日即对所有未交费用按照强制扣除处理，并按照 OID 减值 1、OID 减值 2 扣减所有市场的 OID，记录操作失误。

财务总监在执行扣费操作时，单击“费用支出”，选中需要扣款项目，点击交款即可，如图 4-12 所示。

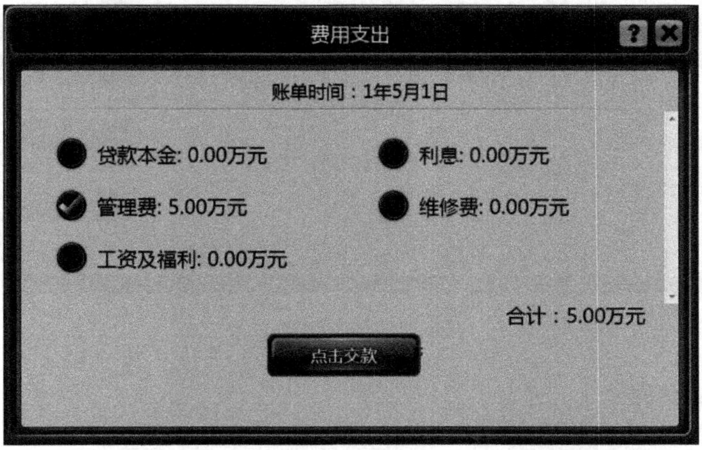

图 4-12 费用支出页面

5. 应收账款及应收款贴现

企业销售商品后，往往收到的款项是应收账款，应收账款在到期前是不能操作的，待款项到期后，财务总监才可以单击确认款项。企业因资金缺乏问题可以对应收账款进行贴现处理，贴现时需要缴纳一定的贴息费用，系统会从应收账款中直接扣除相关费用，如图 4-13 所示。

图 4-13 往来账收款页面

6. 资金的反向调配

企业在经营过程中，各个工作岗位可能会有资金闲置的状态，这时财务总监可以查看各个岗位资金账户余额，将多余的资金重新收回财务账户。

财务总监在执行反向调拨操作时，单击“反向拨款”，可进入现金统计页面，该页面能够查看企业各个岗位的现金余额，对于闲置资金，财务总监可以单击“反向调拨”即可完成该项操作，如图 4-14 所示。

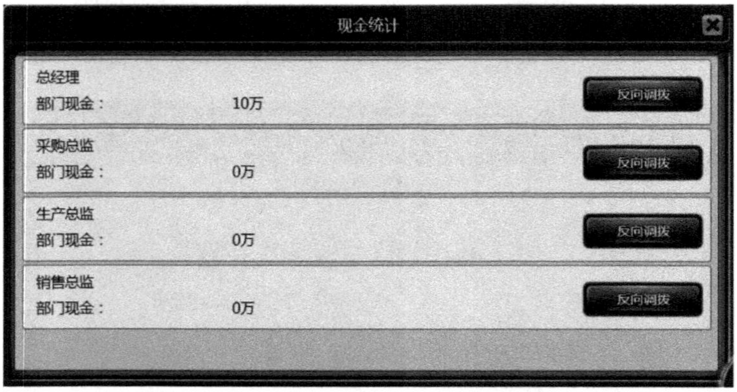

图 4-14 反向调拨页面

反向调拨流程：

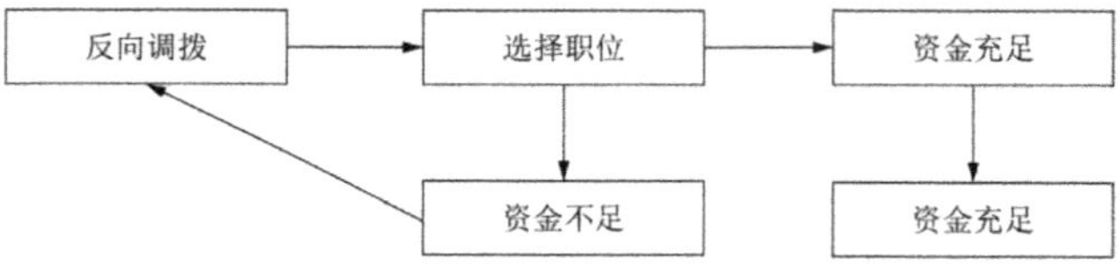

7. 填写财务岗位报表

财务岗位在每个经营年度结束后，需要完成财务岗位报表的填写（见表 4-12）。

表 4-12 财务岗位统计报表

资金项目	金额	目标表表项
管理费		费用表——管理费
设备维修费		费用表——设备维修费
转产及技改费		费用表——转产及技改
基本工资		费用表——基本工资
培训费		费用表——培训费
财务费用		利润表——财务费用
本年折旧		利润表——折旧
违约罚金合计		利润表——营业外收支
所得税		利润表——所得税
现金余额		资产负债表——现金
应收账款		资产负债表——应收账款
长期贷款余额		资产负债表——长期贷款
短期贷款余额		资产负债表——短期贷款
股东资本		资产负债表——股东资本

财务总监在填写报表时，需要注意以下问题：

（1）管理费、设备维修费、转产及技改费是全年支付的总和；

（2）基本工资、培训费是人力资源支出的操作工人的费用，每月1日在系统账单中列支，可以通过现金支出查询全年总和；

（3）财务费用：财务费用特指本年的贷款利息、利息违约金和还贷本金违约金三项之和；

（4）折旧：本年提取的生产线折旧合计，本年消息会通知有哪条生产线发生过折旧，然后查询生产线类型，计算出提取的折旧额，该数值不加正负号，直接填写正数；

（5）违约罚金合计（注：不加正负号，直接填写正数）：违约罚金包括维修费违约金、管理费违约金、代工收货违约金、税款违约金、租金违约金、处理财产损失（注：财产损失是出售生产线的资产损失，资产损失=生产线价值-累计折旧-残值）；

（6）所得税：当企业累计利润为正后，需要向系统上缴所得税，所得税=利润总额×所得税税率；

（7）现金余额：即整个企业的现金余额，财务总监核对时，要注意其他岗位是否有资金闲置；

（8）应收账款：企业的应收账款可通过“往来账”进行查询；

（9）长期贷款余额：企业超过一年以上的贷款总额，可通过“收支明细”里的“贷款明细”进行统计；

（10）短期贷款余额：企业一年以内的贷款总额，可通过“收支明细”里的“贷款明细”进行统计；

（11）股东资本：企业的所有者权益，随着利润的累积，股东权益会不断增加。

8. 审核年度报表并上报

企业中的每个岗位在年度结束后，都要填报对应的岗位报表，岗位报表提交后，系统会根据已经完成的岗位报表自动完成费用表、利润表以及资产负债表的相关内容，这就意味着，每个岗位的同学必须把自己的岗位数额填对。经营年度的年末，财务总监需要对整个企业的报表进行核对检查，如果发现错误，则需要出现错误的岗位更改岗位报表。

财务总监在审核年度报表时，需单击“报表上报”，进入财务报表页面，财务人员需要对各个岗位数据进行核对，如图4-15所示。

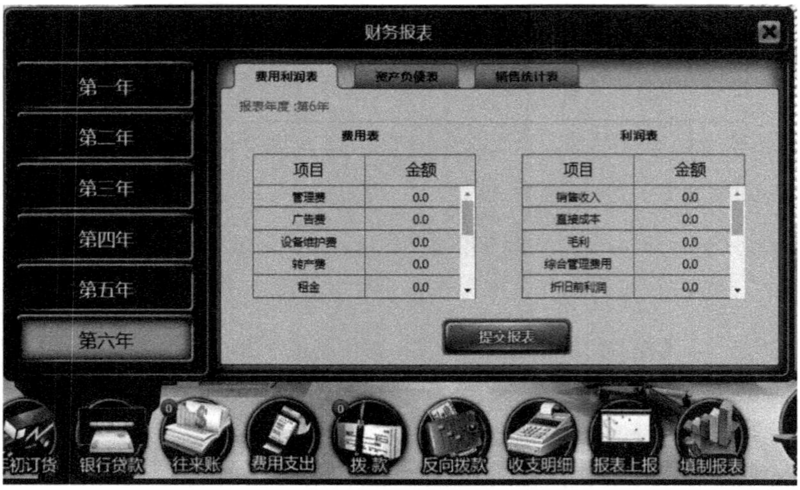

图 4-15 财务报表页面

4.4 生产岗位具体操作说明

担任生产岗位的同学进入“城镇”页面后，单击“公司大厦”选择“生产办公室”即可进入生产总监的操作页面，如图 4-16 所示。生产总监页面的左上方有生产岗位所拥有的资金，资金旁边是企业正在进行的虚拟经营时间、经营日历以及规则。页面的右上方有方便角色相互切换的协同通道，以及通往“城镇”的通道。协同通道下方有消息中心和公司详情，方便生产总监查询公司的内部情况。

图 4-16 生产总监操作页面

生产总监的具体操作任务出现在操作页面的下方，生产总监在一个经营年度应当按照表 4-13 的顺序执行操作。

表 4-13 生产岗位任务清单

序号	运行期	任务
1	年初	参加订货会
2	年中	岗位现金申请
3	年中	新建、转产、技改出售生产线
4	年中	全线推进（厂房内的所有生产线的状态推进）
5	年中	生产上线预配
6	年中	全线开产（厂房内的所有生产线上线开产）
7	年中/年末	填制生产报表

1. 参加订货会

企业的发展必须建立在对市场的准确预测和分析中，市场定位不准确则企业很难发展起来，这就要求经营团体要对市场有准确的认识，而系统模拟经营的年初时间也比较有限，这就要求经营团队的每个成员都要参加年初的订货会，共同商议企业的发展趋势。此外，生产总监通过了解市场订单情况，可以制订合理的生产计划，按时完成生产任务，达到经营目标。

2. 岗位现金申请

生产总监在生产运行时，需要花费一定的资金，生产总监可以向财务总监提出岗位现金申请，申请时需填写清楚申请理由。生产总监在执行该项操作时，单击“预算申报”，填写相应的申请金额和申请理由，单击申报即可。

3. 新建、转产、技改出售生产线

企业在执行生产线操作前必须保证已经租用或者购置厂房，生产线的种类共有三种，分别是手工线、自动线、柔性线，生产线安装需要花费一定资金，并且可能会需要企业多期投资才能完成，生产线在生产过程中需要进行折旧，需要缴纳一定的维修费，产品生产时需具备相应的工人才能开始生产。

生产线的生产周期和生产产品的种类是固定的，如需转产则需要花费一定的资金和时间，而每种生产线可以“技改”，“技改”后的生产线会提高生产效率，但生产线技改时需要花费一定的资金和时间。

生产线可以出售，但出售生产线所得仅为生产线残值，出售生产线的损失是资产损失，资产损失=生产线价值−累计折旧−残值，所以非常不建议同学们执行该项操作。

具体相关生产线的规则见表 4-14。

表 4-14 生产线规则

生产线标识	手工线	自动线	柔性线
安装每期投资（万）	50	50	50
安装周期	0	3	4
每期安装天数	0	30	45
生产周期	2	1	1
每期生产天数	80	75	60
残值	5	15	20
技改期数	1	1	1
每期技改天数	20	20	20
每期技改费用	30	20	20
技改提升比例	0.25	0.2	0.2
技改次数上限	2	1	1
转产期数	0	2	0
每期转产天数	0	20	0
每期转产费用	0	20	0
折旧天数	360	360	360
折旧年限	6	6	6
维修费	5	15	20
操作工人总数	3	2	2
必须具备初级工	3	0	0
必须具备中级工	0	1	0
必须具备高级工	0	0	1

生产总监在生产过程中，需要注意以下问题：

（1）安装期数：安装期数指生产线的全部安装需要经过的“投资+安装”的过程次数，每次的动作是：投入资金（规定的“每期投资额”），然后经过“每期安装天数”，才允许进行下一期的“投资+安装”的过程，直到“投资+安装”的次数达到安装期数的要求后，才能建成投入生产；

（2）生产线建成总价=安装期数×每期安装投资额；

（3）生产线开始投资建线时，需要确定该生产线生产的产品种类，当生产线建成后拥有该产品的生产资质，方可开工生产；

（4）建线中的一期的完成日期到达或之后，必须通过点击“全线推进”结束本期，开启下期；

（5）生产过程按照“生产期数”推进，每期必须进行“全线推进”操作，方能进入下期生产；最后一期生产到期后，同样需要点击“全线推进”才能完工下线，产品入库，否则一直处于“加工中”的状态。每个“生产期”的天数，由“每期生产天数”决定，一个产品的加工总时间（天）=生产期数×每期生产天数；

（6）技改：技改是对安装完成的生产线所进行的减少“每期生产天数”的操作，一次技改减少生产天数=当前每期生产天数×技改提升比例；

（7）转产：如生产线变换生产品种时需进行生产线转产，转产条件：

条件1：只能在“停产”状态时启动转产操作；

条件2：生产总监的资金账户必须有足够支付转产费用的资金；

条件3：生产线的操作没有被“冻结”；

（8）折旧：生产线建成后360天内不计提折旧，之后每年提取一次折旧，提取的时间是：生产线建成第361天计提第一次折旧，第721天计提第二次折旧，依次类推，直到建成后的第七年，提取最后一次折旧后，不再进行折旧操作。提取的折旧额=（生产线总价值-生产线残值）÷折旧年限。

（9）维修费：建成的生产线按年提取维修费，以建成当天开始计算，每年的这一天就是支付维修费的截止日。维修费以账单的形式每月1日由系统生成提交财务，由财务完成支付（参见财务岗的“费用支付与扣除”）；

（10）生产线残值与出售：生产线残值有两个意义：

①判断生产线是否提取折旧的标准，当生产线原值-生产线残值<=生产线残值时，不再提取折旧；

②出售生产线的价格，当出售生产线时，只能按照生产线残值出售，生产线剩余的价值，计入财产损失（参见财务岗位的报表说明）

（11）操作工：每种生产线的操作需要相应的操作工人完成。人员配套有两个重要的参数：

①操作工总数：每类生产线必需的操作工人数，如柔性线的操作工人数为2人；

②操作工级别：每类生产线要求的最低级别操作工的人数，如柔性线必须要有高级工1人，即：柔性线必须包括1名高级工在内的2人操作；

特别提示：要求的最低级别人数不够时，可以由高于本级别的工人代替，但相应的计件工资会提高（不同级别的工人计件工资参数见表4-15）。

表 4-15 计件工资参数

工资类/工种	初级工（万元）	中级工（万元）	高级工（万元）
计件工资	4	5	6

生产总监在执行生产线操作时，单击“厂房”，进入厂房页面，单击生产线的下方空白处，会进入生产线页面，单击“建线”，选择相应的生产线类型和产品类型后，即可开始建线，如图 4-17 所示。

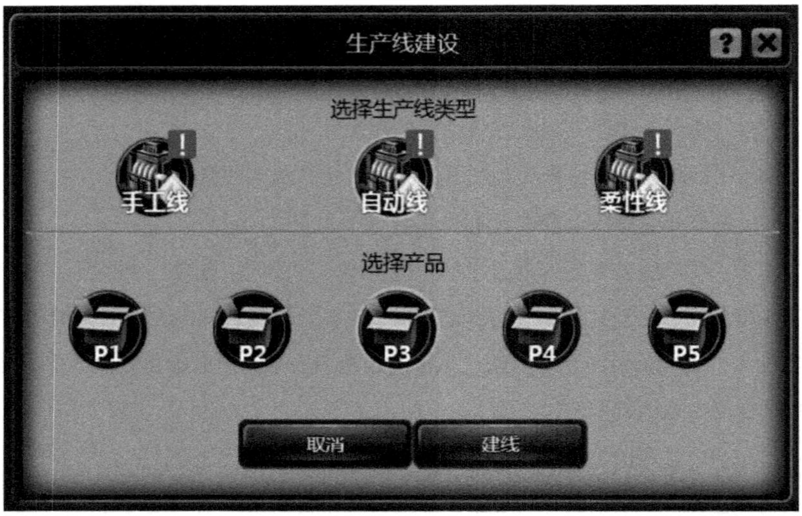

图 4-17 生产线建设页面

生产线的推进、生产、技改、转产均需进入厂房页面进行。

生产线安装流程：

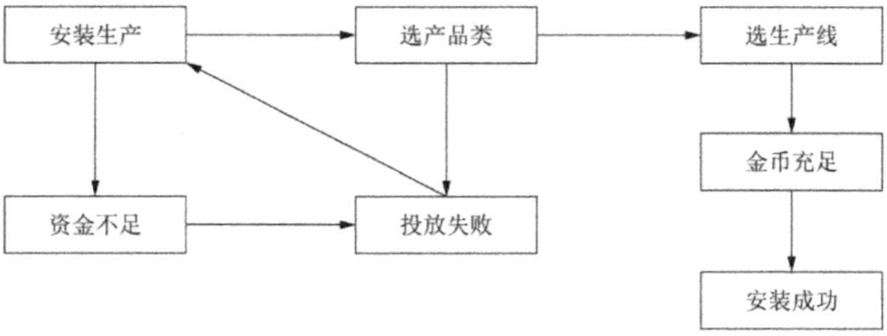

4. 全线推进

生产总监在建设生产线过程中，对生产线的投资是分期进行的，生产线需要不断推进，生产总监在建设生产线时，可单击“全线推进”操作，“全线推进”是对厂房内的所有生产线进行进程更新的推进操作，如图 4-18 所示。

（1）投资建线中的投资期完成并推进到下一投资期开始（包括最后一期推进完成建线；

（2）生产操作的加工期完成并推进到下一期开始（包括最后一期加工到期后只有推进才能让产品完工下线）；

（3）转产操作的转产期完成并推进到下一转产期开始（包括最后一期转产到期只有推进后才能结束转产）；

（4）技改过程的技改期完成并推进到下一技改期开始（包括最后一期技改到期后，只有推进才能结束技改）。

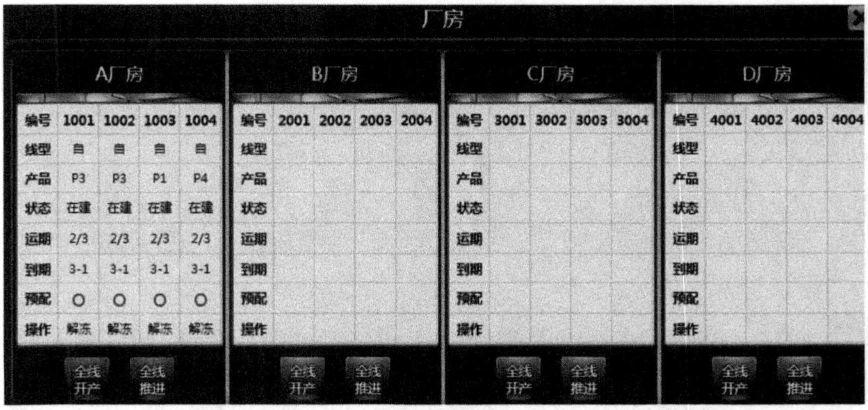

图 4-18 全线推进

生产总监在推进生产线时，单击“厂房”，进入厂房页面后，单击厂房中的“全线推进”即可。

5. 生产预配

生产总监生产产品时，需要对生产线进行“生产预配”，生产预配的操作任务主要有两项：一是将下次上线生产的原材料从库房配送到指定的生产线，二是将操作工人指派到指定的生产线。生产线在生产产品时，需要注意以下问题：

（1）没有预配的生产线，不能进行“开产”操作；

（2）生产预配操作可以由运营和生产两个岗位共同分担；

（3）生产预配按生产线逐条操作；

（4）生产预配可以在年初和年中进行，年末禁止该操作；

（5）生产预配可以不受生产线当前状态的限制，任何时间都可以进行；如生产线在建状态、生产线转产状态等，都可以进行预配操作；

（6）生产预配后，原材料按照先进先出的原则出库到生产线（原料库存减少），预配到生产线的操作工人被标注为待岗状态，不能进行培训和辞退等操作；

（7）生产预配有两种情况自动解除已存在的预配：生产线进行转产操作时，自动解除原有的预配（转产就是为了变换产品，所以原产品的预配不适合目标产品），解除后，原料退回到库房，操作工解除“待产”状态；每年 12 月 30 日“年中”经营结束时，自动解除所有生产线的预配，解除预配的目的是“年末”的资产盘点。

生产总监在执行生产线预配操作时，单击页面空白处，进入“生产预配”页面，在“生产预配”页面对所需材料进行预配，如图 4-19 所示。

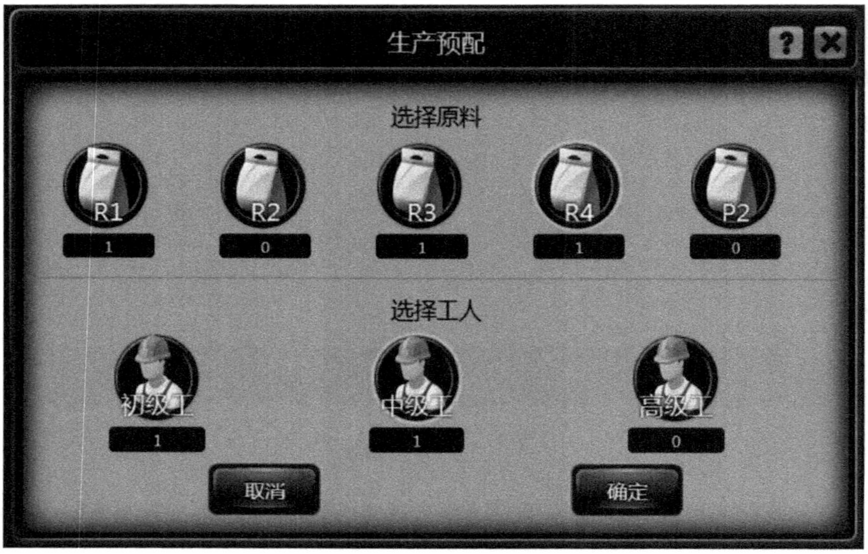

图 4-19 生产预配页面

6. 全线开产

“全线开产”操作是对一个厂房内的所有状态为解冻状态的生产线进行上线生产的操作，而产品能够成功上线生产的条件有：

（1）生产线处于停产状态；

（2）已获得产品的生产资格；

（3）生产线已完成预配；

（4）生产岗位的资金账户有足够支付计件工资的余额；

（5）生产线处于“非冻结”状态。可以通过“冻结/解冻”按钮转变状态。生产线的

"冻结"操作是为了主动不让生产线进行"全线开产"和"全线推进"；生产线的"解冻"操作是让生产线参加"全线开产"和"全线推进"的操作。

生产线预配完成后，单击"厂房"进入厂房页面，单击"全线开产"，即可开始生产，如图 4-20 所示。

图 4-20　生产线生产页面

生产总监在产品生产过程中需要对产品的 BOM 规则非常熟悉，表 4-16 为产品物料清单。

表 4-16　产品 BOM 结构

序号	产品标识	R1（件数）	R2（件数）	R3（件数）	R4（件数）	P2（件数）
1	P1	1				
2	P2	1	1			
3	P3		2	1		
4	P4		1	1	2	
5	P5			2	1	1

产品物料清单是一个产品构成的所用原料或产品的件数，或称产品的生产配方。组织生产时，需要按照此配方准备原材料。

生产线生产流程：

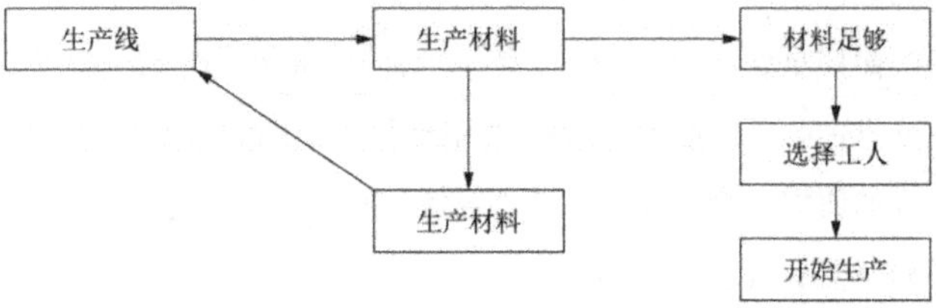

7. 填制生产岗位报表

生产岗位的报表主要有两张，分别是在制品统计表、生产设备统计表，每个年末生产总监要完成两张表的填报。

表 4-17 在制品统计报表

项目/在制品	P1	P2	P3	P4	P5
数量					
在制品价值					

生产总监在填制“在制品统计表”时，需要注意：

（1）在制品数量：当前所有生产线正在生产的产品数量（在当前生产线详细资料中查询）；

（2）在制品价值：当前所有生产线上的在制品总价值（包括原料成本和计件工资），数据来源于当前生产线详情。

表 4-18 生产设备统计报表

项目/生产线	手工	自动	柔性
总投资			
累计折旧			
在建已投资额			

生产总监在填制生产设备统计表时，需要注意：

（1）生产线总投资：当前生产线的总价值，即生产线原值总和；

（2）生产线累计折旧：当前生产线的累计折旧合计；

（3）在建已投资额：当前在建的生产线已经投入的资金总和，即不管何时开始投建的生产线，只要当前的状态是在建，则记为“在建已投入资金”。

4.5 采购岗位教学引导

担任采购岗位的同学进入“城镇”页面后，单击“公司大厦”选择“采购办公室”即可进入采购总监的操作页面，如图 4-21 所示。采购总监页面的左上方有采购岗位所拥有的资金，资金旁边是企业正在进行的虚拟经营时间、经营日历以及规则。页面的右上方有方便角色相互切换的协同通道，以及通往“城镇”的通道。协同通道下方有消息中心和公司详情，方便采购总监查询公司的内部情况。

图 4-21 采购总监操作页面

采购总监的具体操作任务出现在操作页面的下方，采购总监在一个经营年度应当按照表 4-19 的顺序执行操作。

表 4-19 采购总监岗位任务清单

序号	运行期	任务
1	年初	参加订货会，获取订单
2	年中	预算经费申请
3	年中	原料市场预定原料
4	年中	原料仓库收货和付款
5	年中	现货交易市场购买、出售原料
6	年中	生产上线预配
7	年中/年末	填制原料库存统计表

1. 参加订货会

企业的发展必须建立在对市场的准确预测和分析中，市场定位不准确则企业很难发展起来，这就要求经营团体要对市场有准确的认识，而系统模拟经营的年初时间也比较有限，这就要求经营团队的每个成员都要参加年初的订货会，共同商议企业的发展趋势。此外，采购总监通过了解市场订单情况，可以制订合理的采购计划，按时完成生产任务，更好地实现企业经营目标。

2. 岗位现金申请

采购总监在执行采购计划时，需要花费一定的资金，采购总监可以向财务总监提出岗位现金申请，申请时需填写清楚申请理由。采购总监在执行该项操作时，单击“预算申报”，填写相应的申请金额和申请理由，单击“申报”即可。

3. 原料市场预定原料

材料采购总监在年中时段可以执行材料采购任务，原材料的采购任务必须和生产任务同时进行，进行材料采购时，需要注意以下问题：

（1）原料可以由不同的供应商供应（一般系统默认），原材料的总数是按季度提供可订货的订单，当前季度结束后，原材料会重新供应一次；

（2）原料供货需提前预订，预订的材料不会马上到库，材料到库时需要支付材料费用，表 4-20 中的“交货期”为从材料预定到收货的时间；

（3）原料预定申请时，系统会进行支付能力判断，如果当前支付能力不足，即满足“现有全部资金＋当前应收账款总计＋当前未收货原料的总价值＋可贷款额度<本次申请的原料总价值”条件时，判定本次申请失败。

（4）“处理提前期”是允许到现货交易市场变卖原料距“失效”日期的天数，如表 4-20 中规定的 20 天，表示能够在现货市场进行出售的原料应距“失效日”20 天以上，换言之，距“失效”不足 20 天的原料，是不允许出售给现货市场的。

（5）原材料的“质保期”从到货日开始计算，在库存原料中会显示为“失效日期”，在失效日期（含当天）内，原料可以用于生产。原材料失效日后的第一天，系统会强制清除失效原材料（包括已经预配到生产线上的原材料），原料价值的损失计入违约罚金中。

表 4-20 原材料相关规则

序号	供应商标识	原料标识	单价	当前数量	质保期（天）	处理提前期（天）	交货期（天）	违约金比例	违约容忍期（天）	OID1	OID2
1	系统供应商	R1	10	600	200	20	30	0.1	20	0.1	0.1
2	系统供应商	R2	10	600	200	20	30	0.1	20	0.1	0.1
3	系统供应商	R3	10	600	200	20	60	0.1	20	0.1	0.1
4	系统供应商	R4	10	600	200	20	60	0.1	20	0.1	0.1

采购总监在进行材料预定时，单击“原料订货”，进入原料订货页面，找到需要订货的材料，单击“点击下单”即可完成原材料订货任务，如图 4-22 所示。

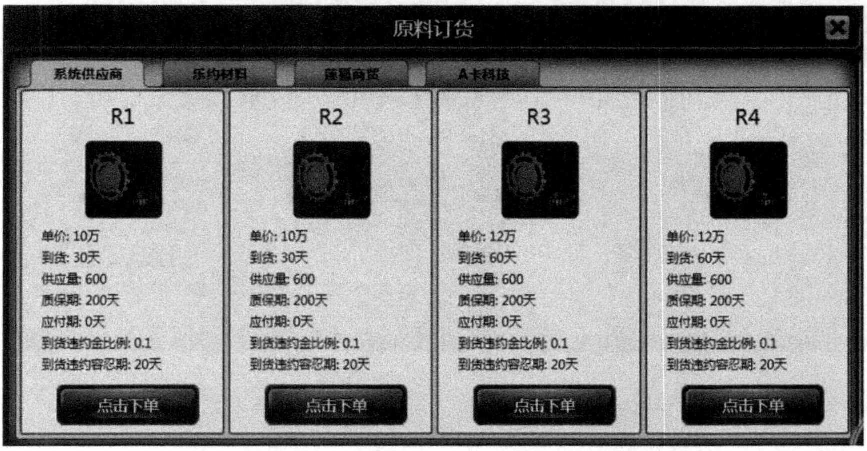

图 4-22 原料订货页面

4. 原材料仓库收货和付款

采购总监可以从“仓库订单”处，查看材料到库情况，材料到库时不会自动入库，需要采购总监付款后才能入库，采购总监在确定材料入库时，需要注意以下问题：

（1）原料订单下达之日开始，根据交货期确定为收货日期，只有收货日期当天可以进行收货操作；

（2）单击“收入库中”按钮时，系统先进行划转资金的操作，如果生产总监账户资金不足，则收货操作失败，同时记录操作错误；

（3）到货日当天没有完成收货操作，第二日便进入收货违约容忍期（见表 4-20 中违约容忍期），仍然可以进行收货操作，但需要缴纳违约金，即除支付货款收货之外，还要加入违约金，计违约错误一次，扣减所有市场的 OID（OID 减数 1）；

（4）如果过了违约容忍期仍未完成收货，系统强制取消订单，同时从财务账户中强制扣除违约金，计违约错误一次，扣减各市场的 OID（扣减减数 1 和减数 2 两项）；

（5）被“取消”的原料，当天重新定价（订货价的 2 倍）后，进入“现货市场”补充现货数量，当年补充现货市场的原料数量只是当年有效。

材料采购总监在执行相关操作时，需单击“仓库订单”，仓库订单页面会显示仓库中的材料数量和到货日期，在到货日期日的原料需单击“收入库中”，材料采购总监账户有余额，系统会自动执行扣款操作，材料会自动入库，如图 4-23 所示。

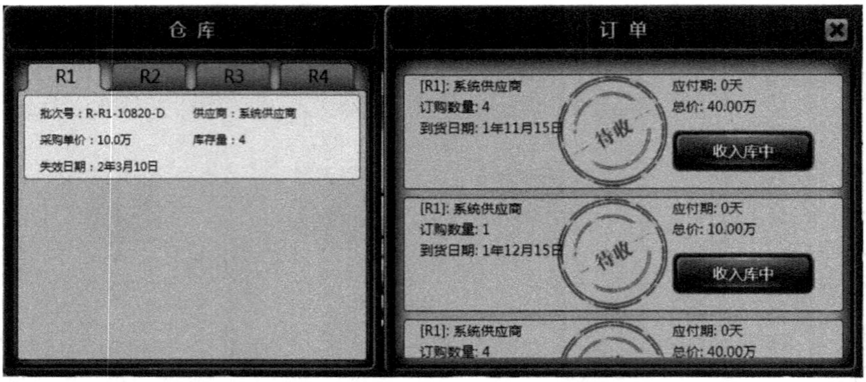

图 4-23　材料入库页面

采购流程：

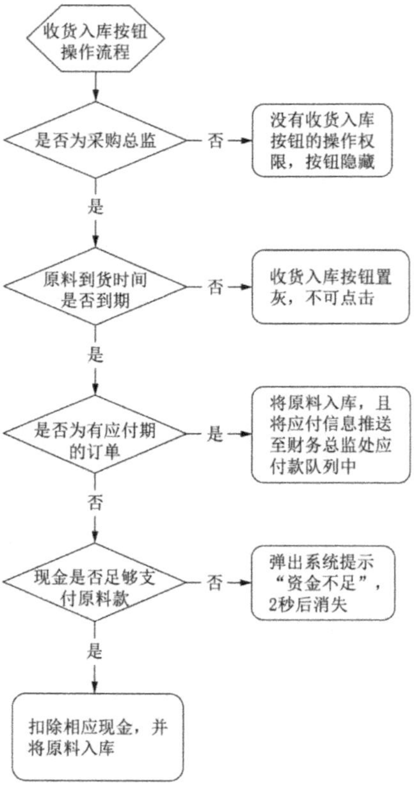

5. 现货市场交易规则

模拟经营企业因临时经营计划改变，仓库中的原材料可能不能满足生产的需要，此时采购总监可以与销售总监沟通，按照新制订的计划进行紧急采购即现货交易，如图 4-24

所示。现货市场交易规则见表 4-21 。

表 4-21　现货市场交易规则

序号	商品标识	当前可售数量（件）	市场出售单价（万元）	市场收购单价（万元）	出售质保期（天）	交货期（天）
1	R1	21	20	5	50	0
2	R2	20	30	5	50	0
3	R3	20	30	5	50	0
4	R4	20	30	5	50	0
5	P1	20	50	20	—	0
6	P2	20	70	30	—	0
7	P3	20	90	40	—	0
8	P4	20	100	50	—	0

（1）现货市场的交易都是现金现货交易，买卖成交后，先从运营岗现金账户中划转资金，再从市场中转移产品或原料；如果账户资金不足，则终止交易；

（2）现货市场采购产品和原材料的价格是表 4-21 中的“市场出售单价”，而公司出售产品或原料的单价，按照表 4-21 中的“市场收购单价”计算；

（3）公司出售给现货市场的产品和原材料成交后，增加当期的现货市场原料或产品的库存量；

（4）公司出售给现货市场的原料，必须是保质期到期前的 30 天（表 4-20 中的处理提前）以上，即出售日距“原料失效日”必须大于 30 天，系统自动按照先进先出的原则和质保期大于 30 天的原则，提取公司原料库存；如果原料库存不足，交易失败，同时记录错误操作一次。

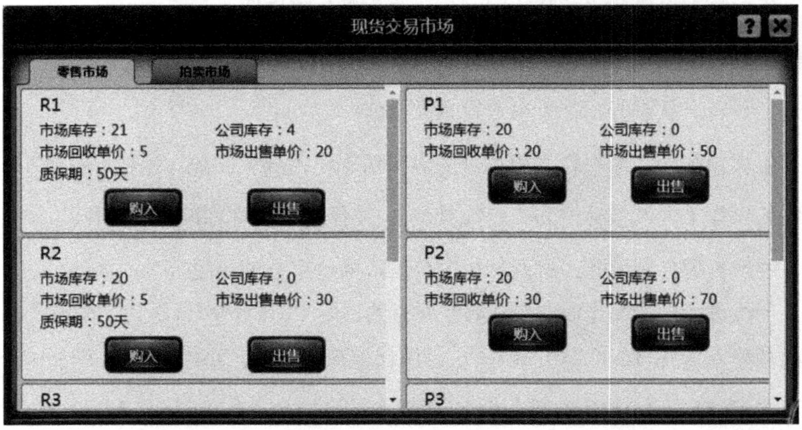

图 4-24　现货交易市场

6. 生产预配操作

生产预配的主要任务是：将下次上线生产的原材料从库房配送到指定的生产线，将操作工人指派到指定的生产线，没有预配的生产线，不能进行生产操作，如图 4-25 所示。生产预配操作可以由采购总监和生产总监两个岗位共同分担，采购总监在完成生产采购计划后，可以帮助生产总监进行预配操作。采购总监在执行生产预配的过程中，需要注意如下问题：

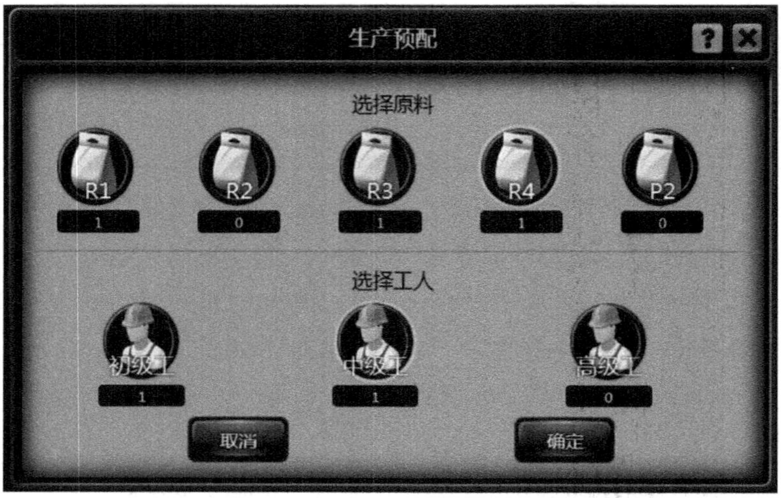

图 4-25 预配页面

（1）生产预配按生产线逐条操作；

（2）生产预配可以在年初和年中进行，年末禁止该操作；

（3）生产预配可以不受生产线当前状态的限制，任何时间都可以进行，如生产线在建状态、生产线转产状态等，都可以进行预配操作；

（4）生产预配后，原材料按照先进先出的原则出库到生产线（原料库存减少），预配到生产线的操作工人，被标注为“待岗状态”，不能进行培训和辞退等操作；

（5）生产预配自动解除，有两种情况自动解除已存在的预配：

①生产线进行转产操作时，自动解除原有的预配（因为转产就是为了变换产品，自然原产品的预配不适合目标产品），解除后，原料退回到库房，操作工解除“待产”状态；

②每年 12 月 30 日年中经营结束时，自动解除所有生产线的预配，解除预配的目的是年末的资产盘点。

采购总监在执行预配操作时，需要首先进入“城镇”，单击“城镇”中的“生产车间”，进入厂房后，可单击“预配”操作，即可完成预配。

7. 填制采购岗位报表（见表 4-22）

表 4-22 采购岗位报表

原料	库存原料数量（件数）	库存原料价值（万元）	零售（含拍卖）收入（万元）	零售（含拍卖）成本（万元）	失效和违约价值（万元）
R1					
R2					
R3					
R4					

采购总监在填制采购岗位时，需要注意以下问题：

（1）库存原料数量是当前的库存数量，在当前库存中查询；

（2）库存原料价值是当前库存的总金额，在当前库存中查询；

（3）零售（含拍卖）收入是当年在现货市场卖出原料和在拍卖市场卖出原料的总收入，需要在零售时记录；

（4）零售（含拍卖）成本是当年在现货市场卖出和在拍卖市场卖出时出库的总成本，需要在零售时记录；

（5）失效和违约价值是当年被强制清除的过期原料价值，需要查询相关消息统计，以及收货违约产生的违约金和订单取消产生的收货违约金，需要查询当年的采购订单获得。

4.6 销售岗位教学引导

担任销售岗位的同学进入“城镇”页面后，单击“公司大厦”选择“销售办公室”，即可进入销售总监的操作页面，如图 4-26 所示。销售总监页面的左上方有销售岗位所拥有的资金，资金旁边是企业正在进行的虚拟经营时间、经营日历以及规则。页面的右上方有方便角色相互切换的协同通道，以及通往“城镇”的通道。协同通道下方有消息中心和公司详情，方便销售总监查询公司的内部情况。

销售总监的具体操作任务出现在操作页面的下方，销售总监在一个经营年度应当按照表 4-23 的顺序执行操作。

图 4-26 销售总监操作页面

表 4-23 销售总监任务清单

序号	运行期	任务
1	年初	参加订货会，获取订单
2	年中	预算经费申请
3	年中	产品交货
4	年中	现货交易市场出售产品、购买产品
5	年中	临时交易市场获取订单
6	年中	商业情报查询
7	年中/年末	填制库存及销售统计表

1. 参加订货会

企业的发展必须建立在对市场的准确预测和分析中，市场定位不准确则企业很难发展起来，这就要求经营团体要对市场有准确的认识，而系统模拟经营的年初时间也比较有限，这就要求经营团队的每个成员都要参加年初的订货会，共同商议企业的发展趋势。

对采购总监而言，面对形式复杂的市场，洞悉市场订单变化情况，准确找到市场定位，能够为企业找到理想的发展方向，制定合理的销售方案形成强力保障。

订货会是每年年初企业分市场集中获取订单的过程，选单顺序依企业知名度排名确定。

销售总监在初期广告促销时段，要根据市场订单及市场分析，提出促销广告投入建议，争取理想的订单分配顺位；订单申请时段，与生产助理共同确定各个市场订单的产品申请数量，并在申请结束前，确保申请提交成功。

2. 预算经费申请

销售总监在执行相关的操作时，需要花费一定的资金，销售总监可以向财务总监提出岗位现金申请，申请时需填写清楚申请理由。销售总监在执行该项操作时，单击“预算申报”，填写相应的申请金额和申请理由，单击申报即可。

3. 产品交货

销售总监每年要根据企业所抢的市场订单情况按时交单，违约交单或者未交单，会严重影响企业的 OID 值。企业所有订单必须在订单规定的交货日期前（包括当日），按照订单规定的数量交货，订单不能拆分交货。订单交单后，是几个账期的应收账款，交货完成的日期是应收账期的起点日期。

交货日期后的第一天还未完成交货的订单被标注违约未完成状态，此时记为容忍期开始，在容忍期到时前（包括容忍期结束日当天），仍然可以进行交货操作，但系统会计算出违约金，并扣减诚信度 OID1。如果完成交货，违约金被直接从应收账款中扣除。容忍期结束日之后的第一天，仍未执行交货的订单被返回到临时交易市场，原订单标注为“取消”状态，不能执行交货操作，同时强制扣除违约金和诚信度 OID2，如表 4-24 所示。

表 4-24 产品交货规则

序号	市场	订单违约金比例（%）	违约容忍期限（天）	OID 减数 1	OID 减数 2
1	本地	20	30	0.3	0.1
2	区域	20	30	0.3	0.1
3	国内	20	30	0.3	0.1
4	亚洲	20	30	0.3	0.1
5	国际	20	30	0.3	0.1
6	原料零售	25	30	0.3	0.1
7	产品零售	25	30	0.3	0.1

销售总监在执行交货操作时，单击“仓库订单”，仓库订单页面有企业的所抢订单，满足交货要求后，单击“交货”即可完成交货，如图 4-27 所示。

图 4-27 订单交货页面

销售交货流程：

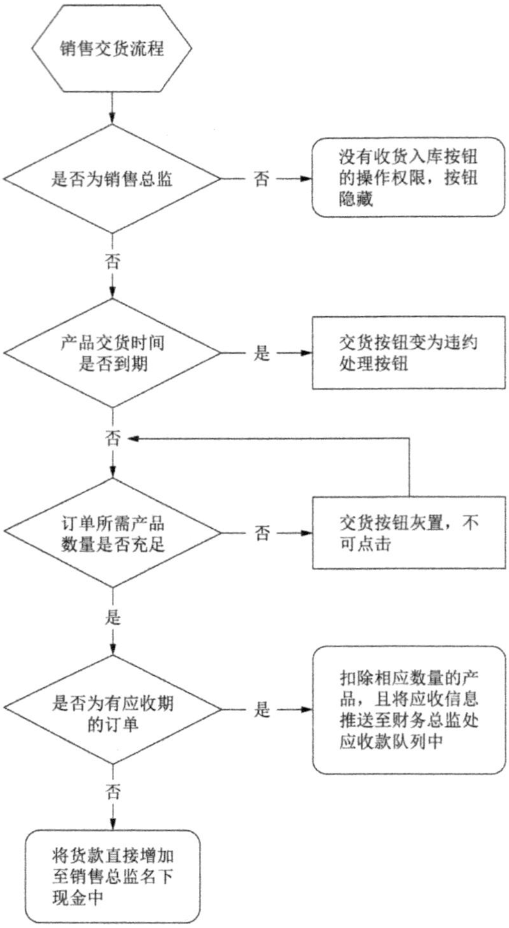

4. 现货交易市场出售产品、购买产品

模拟经营企业因临时经营企业计划改变，仓库中的原材料可能不能满足生产的需要，需要由销售总监和采购总监沟通后，进行紧急采购或者销售。现货市场的交易规则见表4-25。

表 4-25　现货市场交易规则

序号	商品标识	当前可售数量	市场出售单价（万元）	市场收购单价（万元）	出售质保期（天）	交货期（天）
1	R1	21	20	5	50	0
2	R2	20	30	5	50	0
3	R3	20	30	5	50	0

表 4-25（续）

序号	商品标识	当前可售数量	市场出售单价（万元）	市场收购单价（万元）	出售质保期（天）	交货期（天）
4	R4	20	30	5	50	0
5	P1	20	50	20	—	0
6	P2	20	70	30	—	0
7	P3	20	90	40	—	0
8	P4	20	100	50	—	0

（1）现货市场的交易都是现金现货交易，买卖成交后，先从运营岗现金账户中划转资金，再从市场中转移产品或原料；如果账户资金不足，则终止交易；

（2）现货市场采购产品和原材料的价格是表 4-21 中的“市场出售单价”，而公司出售产品或原料的单价，按照表 4-21 中的“市场收购单价”计算；

（3）公司出售给现货市场的产品和原材料成交后，增加当期的现货市场原料或产品的库存量；

（4）公司出售给现货市场的原料，必须是保质期到期前的 30 天（表 4-20 中的处理提前）以上，出售日距“原料失效日”必须大于 30 天，系统自动按照先进先出的原则和质保期大于 30 天的原则，提取公司原料库存，如果原料库存不足，交易失败，同时记录错误操作一次。

执行现货购买或者出售操作时，销售总监需要进入“城镇”，然后单击“现货交易市场”，进入现货交易市场后，可执行相关采购或者销售任务。

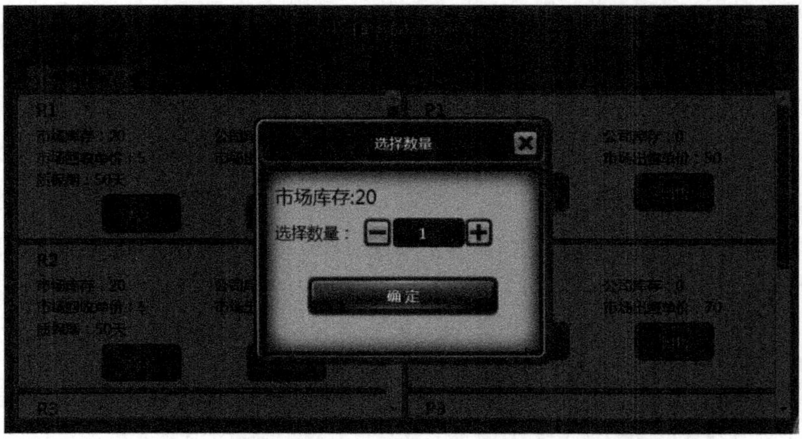

图 4-28　现货交易操作

5. 临时交易市场获取订单

销售总监在经营过程中，发现产能过剩时，可以关注临时交易市场，临时交易市场在年中 12 个月都开放，其订单来源于被取消（过了交货容忍期仍未交货）的年初订货订单。企业想在临时交易市场获取订单，必须具备一定的资格：

（1）具有该市场的市场资质；

（2）进入临时交易市场之日前，本年度在该市场没有交货违约（包括违约完成状况）；

（3）如果临时市场订单有 ISO9000 或 ISO14000 资质要求，没有资质的公司不能获取该张订单；

（4）临时交易市场只有运营助理可进行选单操作。

临时交易市场订单的分配以申请提交的系统时间为准，按照先到先得的原则分配订单；申请订单时，可以申请一张订单，产品数量任意，点击“申请”按钮时，由于可能有多个公司同时提交了申请，系统会根据各公司点击“申请”的系统时间顺序进行产品数量分配。

①如果分配时订单产品剩余数量大于等于申请数量时，全数分配；

②如果分配时订单产品剩余数量小于申请数量时，按剩余数量分配；

③如果分配时订单产品剩余数量为 0 时，停止分配。

如果同一个公司在同一张订单有两次以上的申请操作且都获得分配时：

①没有执行交货的订单将被合并成一张订单（产品数量相加）；

②已经有一张订单交货，则新取得的同号订单为同号新订单。

临时交易市场订单交货规则与年初订单的交货规则一致；如果获取的临时交易订单的交货日期跨年，可以跨年执行交货，销售收入计入下年报表；如果获取的临时交易订单交货日期为本年，但容忍期截止日跨年，允许跨年执行违约交货，销售收入及违约金计入下年报表，本年扣减经营诚信度（OID）分值，不计下年的违约记录，即不影响下年进入临时交易市场获取订单的资格；如果获取的临时交易订单跨年容忍交货日期后仍未执行交货，则取消该订单，同时扣减本市场的 OID2 值和违约金，当不记入跨年当年的订单违约记录，不影响跨年当年进入临时交易市场获取订单的资格，其违约金入跨年当年的销售统计表。

销售总监在执行该项操作时，需要先返回“城镇”，单击“订货会”，进入订货会页面，再单击“临时交易”，进入临时交易页面，选择好订单后，单击“选单”即可完成选单操作，如图 4-29 所示。

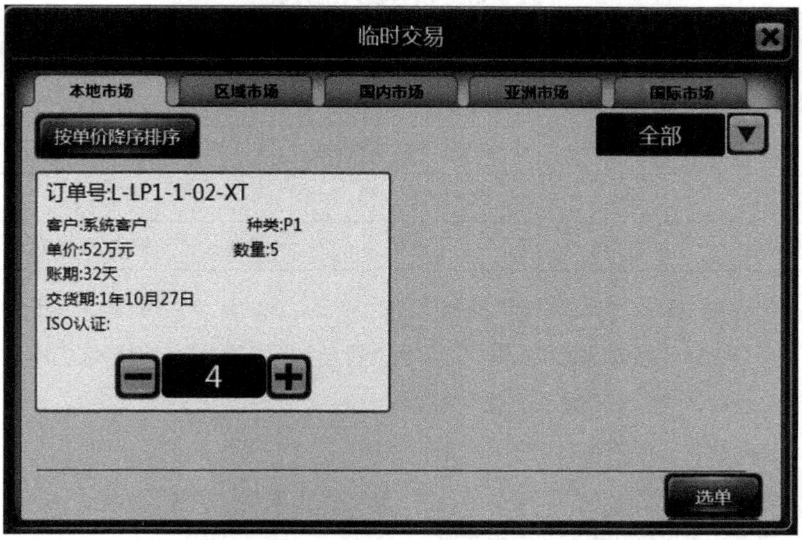

图 4-29　临时交易页面

6. 商业情报查询

总经理购买了商业情报后，销售总监需要认真分析商业情报，对过度拥挤的市场可以适当避开，或者可以选择适当多投入广告。

7. 填制库存及销售统计表

销售总监年底要完成销售统计表的填报，在填报过程中，应当使用如下方法填制产品统计表 4-26 的相关内容。

（1）产品统计表的“数量”栏填写当年已交货的订单，可以从当年的产品库存的单据中查询，这些出库包括：年初订货会订单交货出库、现货市场销售出库、临时交易市场已交货订单。

表 4-26　产品统计表

项目	数量	订单收入	违约罚款	销售成本	产品库存数	库存价值
P1					当前库存产品的数量	当前库存产品的价值
P2						
P3						
P4						
P5						

表 4-27 销售收入统计表

销售操作	销售总额（数量×单价）	违约金（销售总额×违约比例）	销售收入计算
订单按期交货	订单总额	0	销售总额-0
订单违约交货	订单总额	销售总额×违约比例	销售总额×（1-违约比例）
订单违约取消	0	销售总额×违约比例	0-违约金
现货零售	销售总价	0	销售总额-0

（2）销售收入中的“订单总额”通过查询当年已完成的订单直接获取。“违约金”通过查询当年已处理（包括完成和取消）订单的“罚金”项直接获取。现货零售需要在现货市场卖出产品时，自行记录或从消息中获得。

（3）违约罚款是指企业未交订单的违约金；

（4）销售成本可查询当年已处理的订单中的“转出成本”项直接获取；

（5）库存数量直接从库存状态中获取；

（6）库存价值直接从库存状态中获取。

第5章

约创实训操作引导

在理解了约创沙盘经营规则的基础上，为了便于同学们更好地清楚约创沙盘模拟企业的运营流程和年初、年中、年末的经营活动，减少操作性误差对企业模拟实训效果的影响，本教材设计了基于约创电子沙盘的操作演练，供同学们在自主经营之前练习。

本教材主张物理沙盘和电子沙盘同步进行，因为物理沙盘有助于增强学生对企业经营的感性认识，电子沙盘有助于控制企业运行流程，提高效率，二者缺一不可。

在本书下面的内容中，我们会介绍电子沙盘的电脑操作和物理沙盘的手工操作。

5.1 约创沙盘教学引导的基本规划

一、约创电子沙盘系统

根据笔者的教学经历，同学们对沙盘模拟课程最大的遗憾是，当基本掌握和理解了沙盘的规则，操作软件也很少犯错之后，课程也快要结束了，好多想法和战略都没有来得及很好地实施。

所以，本书为了尽可能地减少同学们因对规则理解的误差和软件操作的失误而对实验效果产生的影响，主张在模拟经营企业初始状态设定后，教师通过手把手带领学生进行为期一年的企业模拟运营，使参训学生尽快熟悉操作流程，为以后学生“独立经营”打下基础，使他们尽快成为真正的驾驭沙盘的行家里手。

二、学生登录操作

学生在上课时须登录 IP 地址 10.80.6.128:3003，如图 5-1 所示，输入其账号密码，账号为管理员下发的账号与密码，密码可以重置。

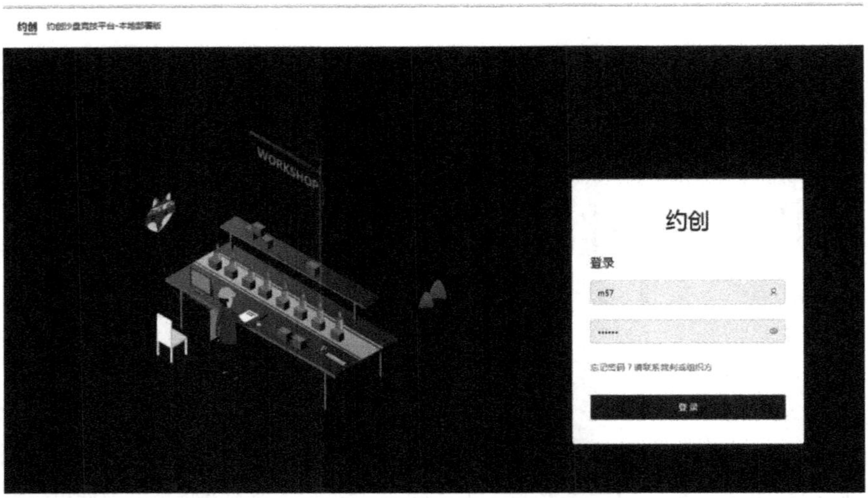

图 5-1 学生登录页面信息

操作成功后，会进入如下页面，单击页面上方的学习选项，进入实训页面，如图 5-2 所示。

图 5-2 学生系统首页

实训课程页面的上方有比赛规则和订单规则，比赛过程中，若忘记某些规则，可以单击打开阅读。单击屏幕右上方的“进入实训”，待老师宣布课程开始后，就可以进入课程操作的主页面。实训课程页面的中间位置有比赛控制台，此处可以查看比赛时间，学生所有操作一定要在规定的时间进度内完成。

进入实训后，出现岗位职员信息界面，五名同学分别担任五个职务，各司其职，分工合作。比赛开始后，本界面将自动关闭，如图 5-3 所示。

图 5-3 岗位职员信息

三、年度引导的战略规划

为了方便展示约创电子沙盘操作的全过程，本书设计了一套引导方案，教师可以在课堂上演示一遍，预计用时 10 分钟，或让学生按教材自行操作一遍后，再展开自主经营。

（1）战略目标：不破产，成为市场竞争的追随者；

（2）产品组合：P2+P3；

（3）材料采购：R1+R2+R3+R4；

（4）市场组合：本地+区域+国内；

（5）ISO 研发：ISO9000；

（6）厂房：购买 A 厂房；

（7）生产线：第一年购建 2 条自动生产线，分别生产 P2、P3；

（8）融资：第一年年初贷款 400 万元长贷（3 年期），200 万元短贷；

（9）广告：第一年在本地、区域各投 10 万元广告。

5.2 约创沙盘教学引导年

在第 1 年年初（引导第 1 年年初），企业只有股东投资的现金 600 万元。

根据设定好的战略规划，各组 CEO 要利用纸质版流程表，来控制各企业的流程，与约创电子沙盘软件操作同步进行。在引导流程中，总经理和财务总监要在“附录 4 分角色学生实训用表”中的“新约创沙盘（手工+电子版）学生实验手册——总经理专用”和“新约创沙盘（手工+电子版）学生实验手册——财务总监专用”上做好标记：“×”表示这个工作不做，“√”表示这个工作已经做过，负号加金额（如“–15 万元”）表示现金流出，正号加金额（如“+15 万元”）表示现金流入。建议用铅笔做记录，写错时便于修改。

物理沙盘台面需要的教具应提前整理准备到位。

一、引导年电子沙盘流程

1. 第 1 年第 1 季度

（1）年初营运流程

年初企业营运过程包括年度规划、开拓市场、资质开发、投放广告、参加订单会。具体的营运流程如图 5-4 所示。

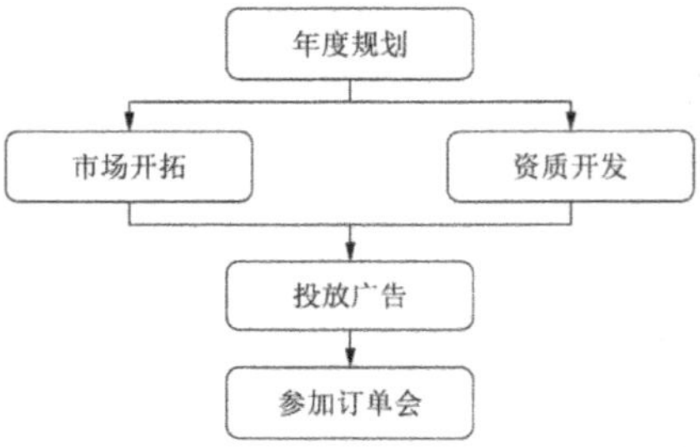

图 5-4 营运流程图

新约创电子沙盘注册完成登录后，出现如图 5-5 所示的页面。

图 5-5 “城镇”页面

①企业仅在每年年初可进行市场开拓和 ISO 资质开发。总经理点击城镇页面左上方的“公司大厦”，随之弹出如图 5-6 所示页面。点击“总经理办公室”进入总经理办公室页面，如图 5-7 所示。

图 5-6 “公司大厦”页面

图 5-7 “总经理办公室”页面

点击页面下方的“预算申报”，向财务总监申请市场开拓和 ISO 资质开发费用，如图5-8所示。

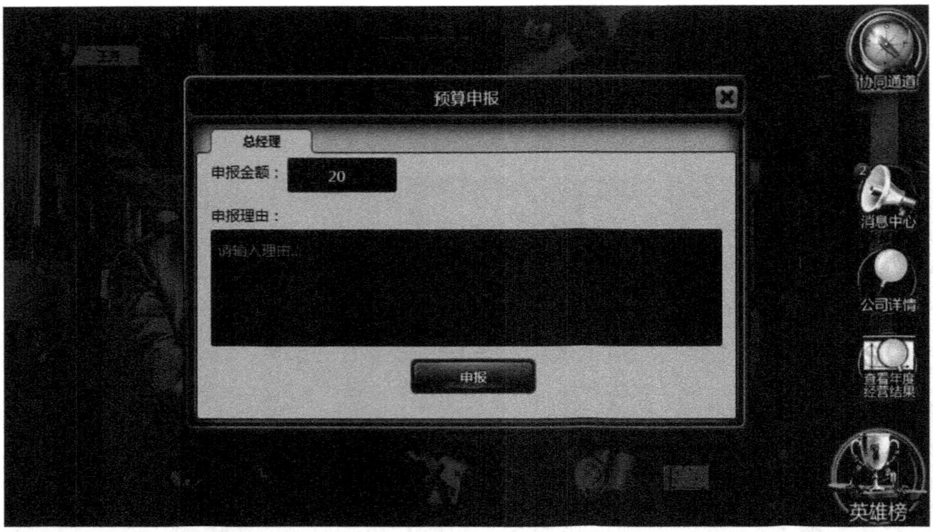

图 5-8 “预算申报”页面

财务总监点击“公司大厦”，进入财务部办公室，点击下方“拨款”，弹出如图 5-9 所示对话框，批准后将拨款给总经理。

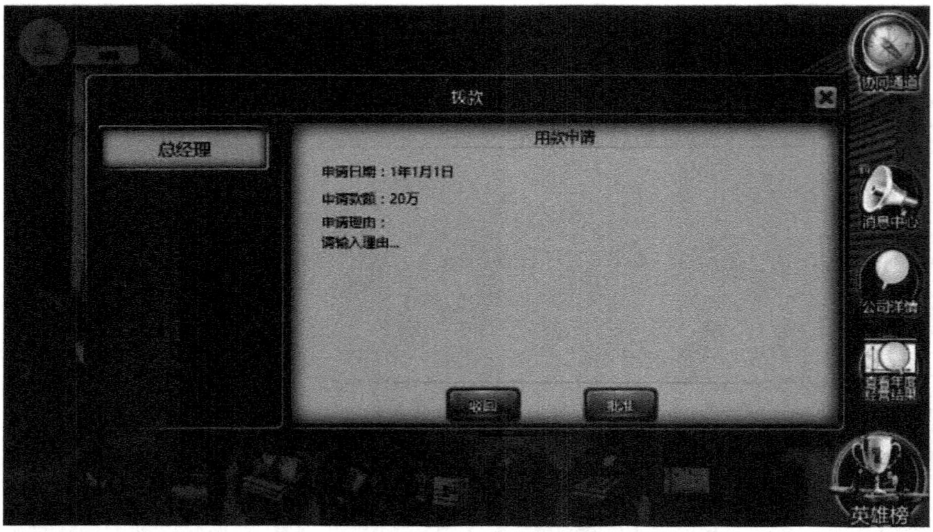

图 5-9 “拨款”页面

总经理收到资金后，点击下方“资质开发”，弹出如图 5-10 所示对话框，点击投资“市场准入——国内”，则蓝色“点击投资”字样按钮，变为灰色“已投资”状态，即市场准入投资成功。

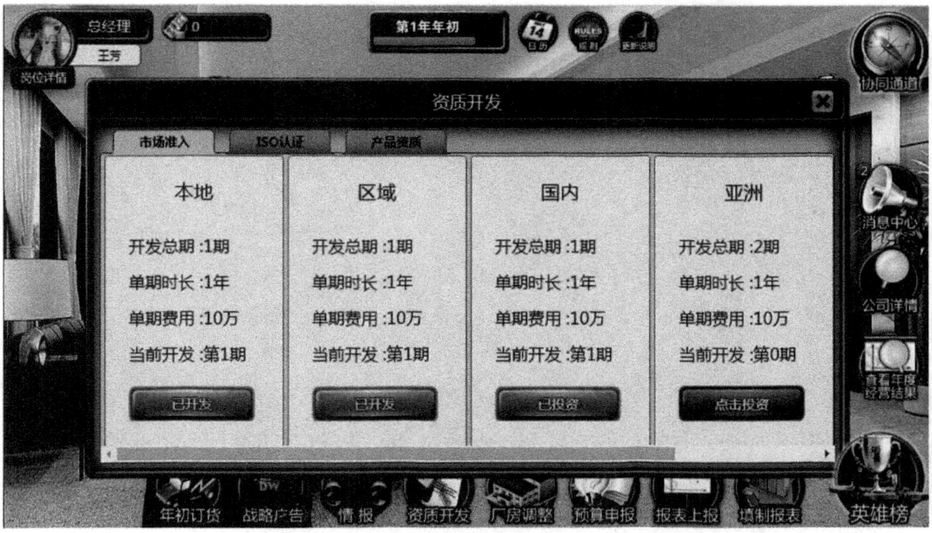

图 5-10 “资质开发—市场准入”页面

点击对话框上方“ISO 认证”，如图 5-11 所示，投资 ISO9000。

图 5-11 “资质开发—ISO 认证”页面

②每年年初进行广告投放，总经理向财务总监申请广告费。点击“年初订货”进入广告投放页面，如图 5-12 所示。

点击“投放广告”，如图 5-13 所示，录入各市场广告费，点击“投放”即可。

图 5-12 “年初订货”页面

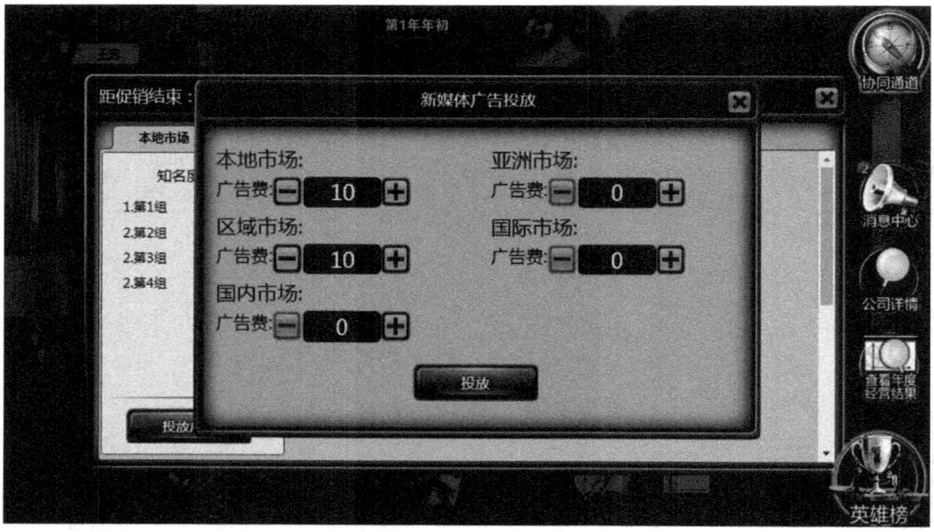

图 5-13 “投放广告”页面

广告投放成功后，系统将根据广告投放多少，将各企业进行知名度排行。

广告投放结束后，第一轮选单正式开始。

由生产总监计算企业本年产能，总经理根据产品产出时间和数量，进行订单申报，如图 5-14 所示，可在本地、区域两个市场选择数量、单价、交货期、账期最为合理的订单。如图 5-15 所示，点击“申报详情”，可查看已申报订单情况。

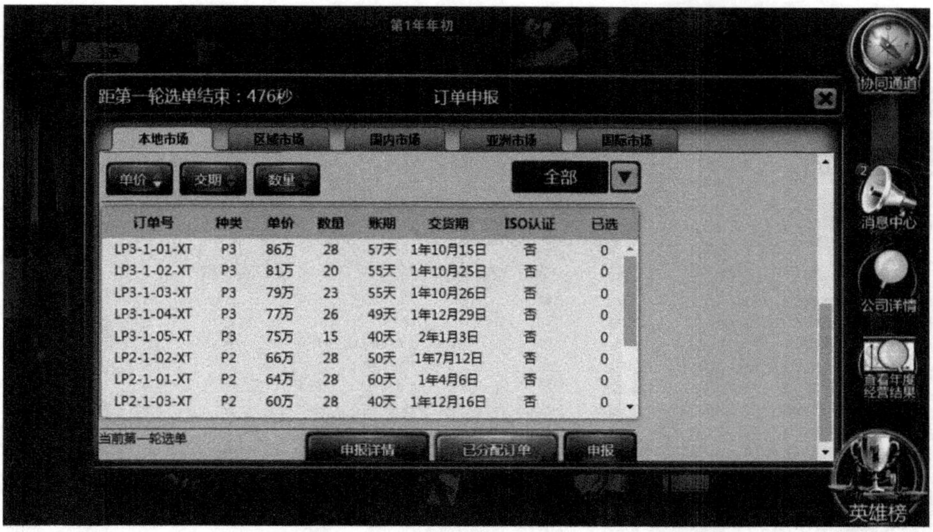

图 5-14 “订单申报”页面

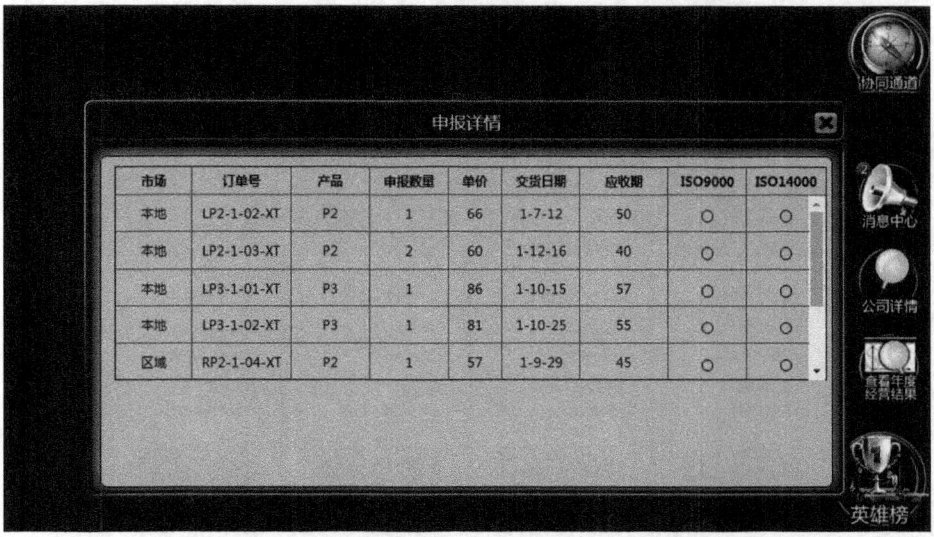

图 5-15 “申报详情”页面

10 分钟后，第一轮选单结束，点击“已分配订单”查看订单是否申报成功，如图 5-16 所示。如有库存产品，可继续在第二轮选单中进行申报。5 分钟后订单会结束。

（2）季内营运流程

①订货会结束后，系统自动跳至第 1 年 1 月 1 日。企业在年初有股东资金 600 万元，由于企业建设需要，第 1 年第 1 季需要申请 400 万元长贷、200 万元短贷。财务总监点击

页面下方的“银行贷款”，弹出如图 5-17 所示对话框。

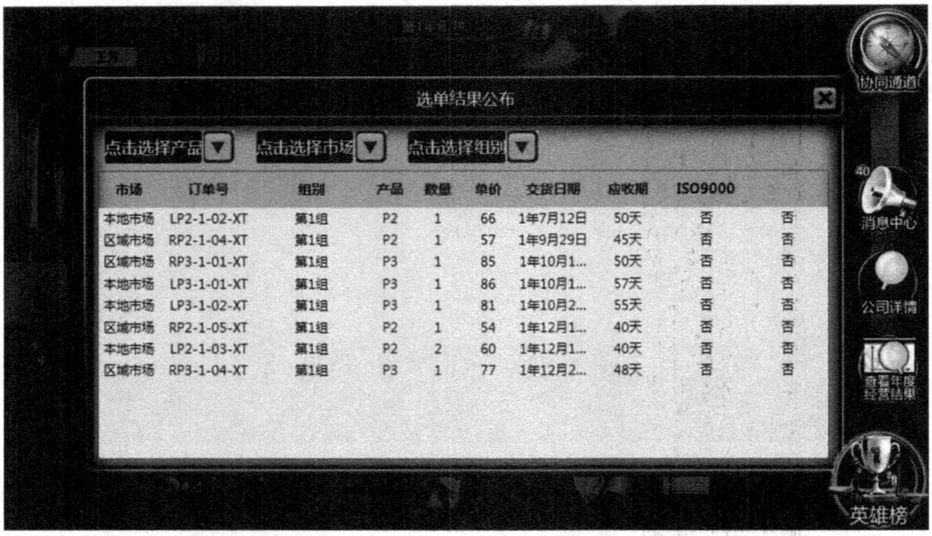

图 5-16 “已分配订单”页面

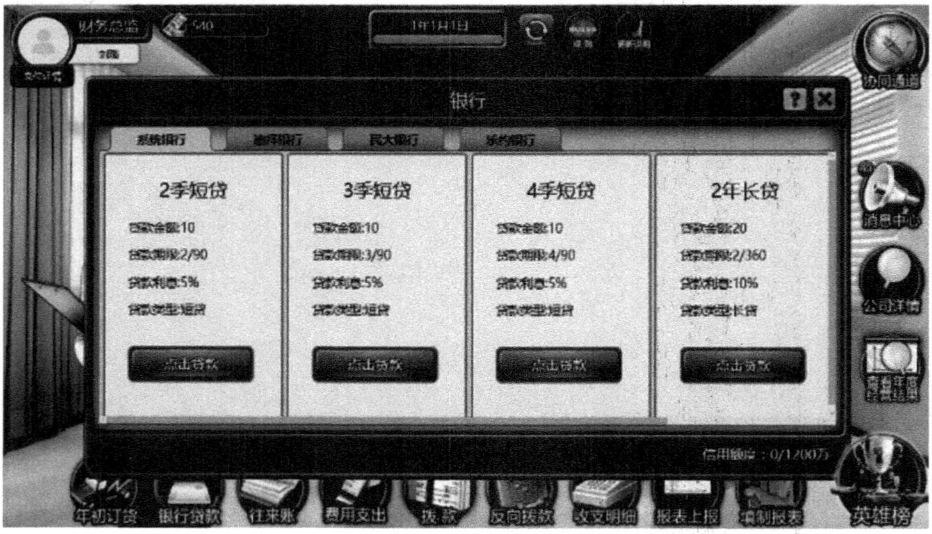

图 5-17 “银行”页面

选择系统银行 4 季短贷（本系统短贷为每份 10 万元，利息为 5%，到期一次还本付息），点击下方“点击贷款”按钮，输入“20”，点击“确定”。然后选择 3 年长贷（本系统长贷为每份 20 万元，利息为每年 10%，到期一次还本付息），如图 5-18 所示。

图 5-18 “银行—贷款份额”页面

如图 5-19 所示 FFOC 操作完成后，资金立即到账，企业持有现金增加 600 万元。

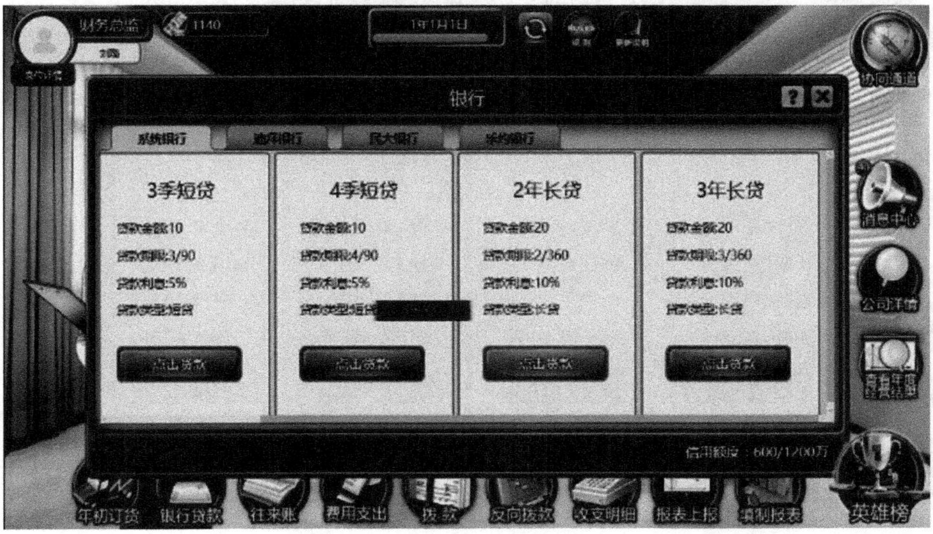

图 5-19 “银行—资金入账”页面

②总经理填写预算申请，进行 P3 产品的资质研发。点击页面下方“产品资质开发”，弹出如图 5-20 所示对话框。

选择“产品资质”，出现各产品资质研发情况，点击 P3 产品下方的“点击投资”按钮，如图 5-21 所示，产品资质第 1 期已投资，研发总期为 3 期，单期天数为 30 天。

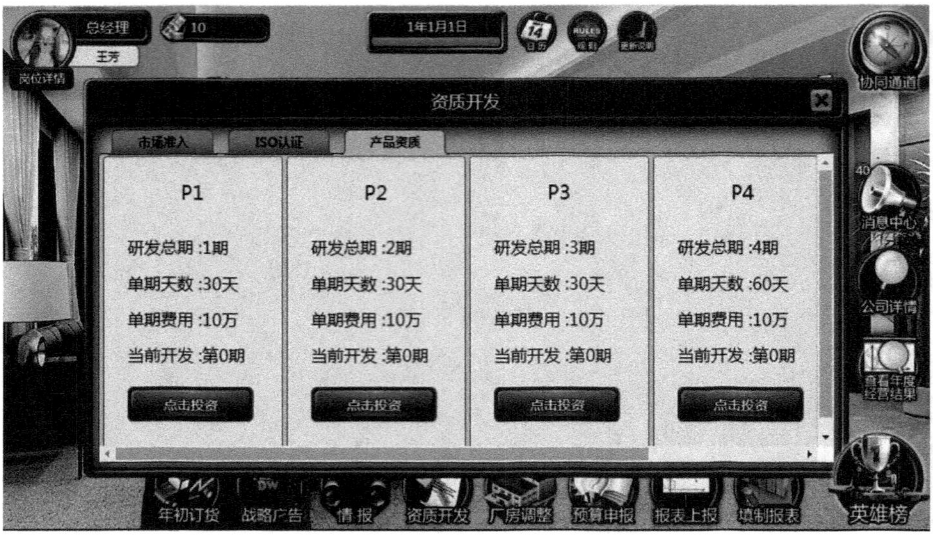

图 5-20 “产品资质研发”页面

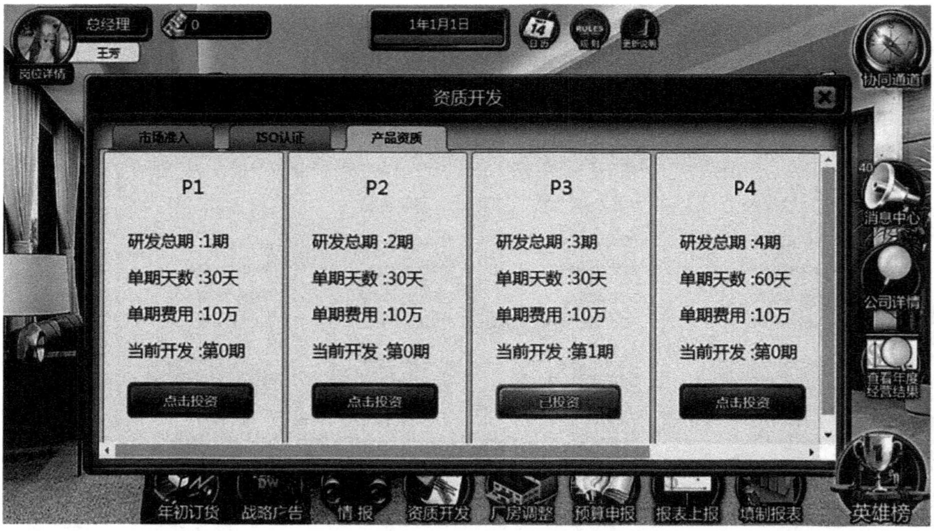

图 5-21 “产品资质研发”页面

③总经理申报预算后，点击下方“厂房调整”，进入厂房页面，点击“厂房购买”，支付 200 万元，购买“A 厂房”，如图 5-22 所示。

图 5-23 中，厂房分别为 A、B、C、D 四个，订购方式可以根据需要选择租入或购买。若选择购买，则需一次性支付购买价款，无后续费用；若选择租入，则需每年支付租金，

租金支付时间为租入当时以及每年同一日期。

④生产总监点击城镇下方“生产车间”，出现如图 5-23 所示页面，A 厂房已购买成功，可建线。

图 5-22 “厂房调整”页面

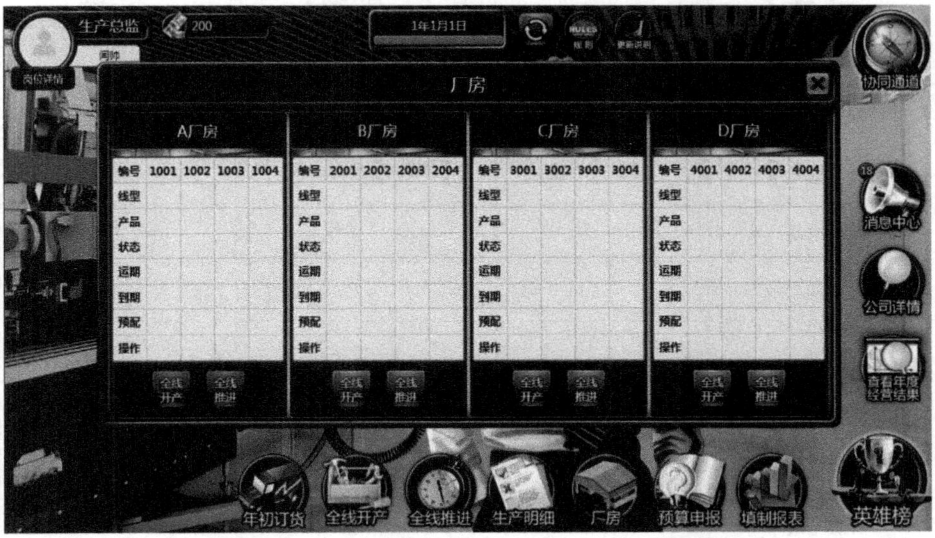

图 5-23 “生产车间”页面

单击 A 厂房内空白处，弹出如图 5-24 所示“生产线”对话框。

图 5-24 “生产线”页面

以表 5-1 规则为例：

表 5-1 “建线规则”

建线规则			
生产线	**手工线**	**自动线**	**柔性线**
单期安装价格	50	50	50
安装期数	0	3	4
安装单期天数	0	30	45
生产周期	2	1	1
生产单期天数	80	70	60
残值	5	15	20
折旧周期	360	360	360
维修费	5	15	20
折旧年限	6	6	6

企业如果在第 1 年 2 月 1 日建造自动线，则第 1 年 4 月 1 日完工，可进行生产。点击“建线”，弹出如图 5-25 所示页面，选择“自动线”“P2”后，点击“建线”，随之该生产线

处于在建工程第一期状态，生产线建立周期为 3 期，每期天数为 30 天。同样再建一条自动线生产 P3，操作结束后，出现如图 5-26 所示“生产线”建线中的页面。

图 5-25 “生产线建设”页面

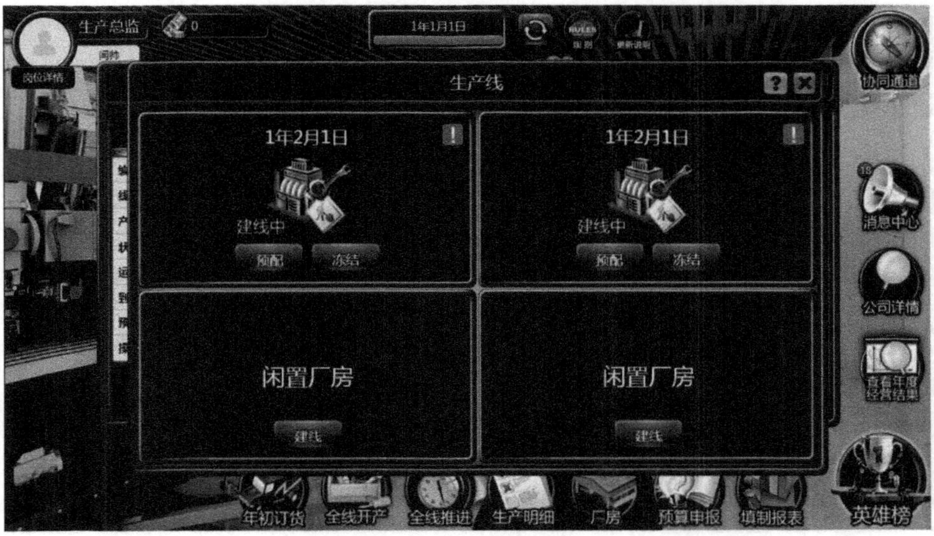

图 5-26 “生产线”页面

⑤财务总监点击页面下方“费用支出”，支付管理费用等，需每月支付，如图 5-27 所示。

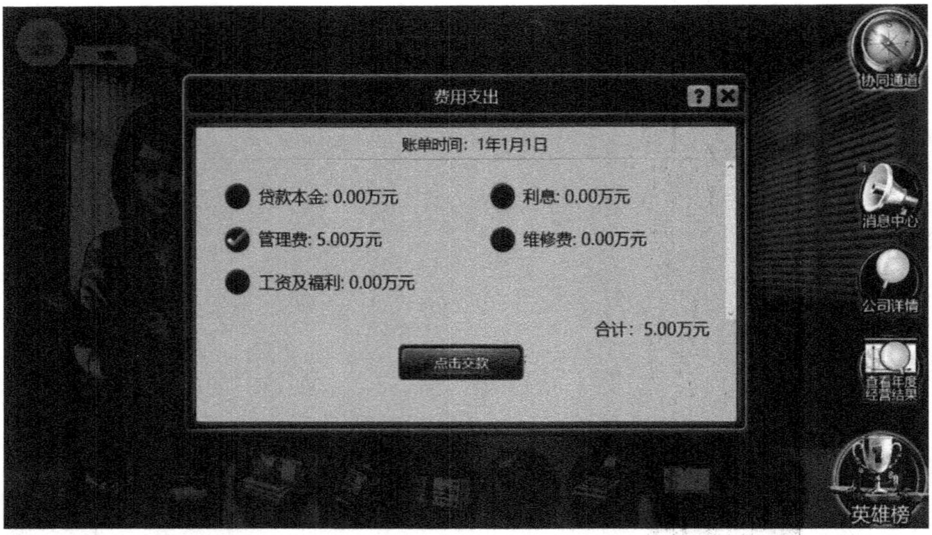

图 5-27 “费用支出”页面

⑥总经理可手动操作调节时间，点击上方“日历”，选择“本月结束”，时间会自动跳转至 1 年 2 月 1 日，如图 5-28 所示。

图 5-28 “日历”页面

总经理申报预算进行 P2、P3 产品资质研发，如图 5-29 所示，P3 产品资质推进至第 2 期。

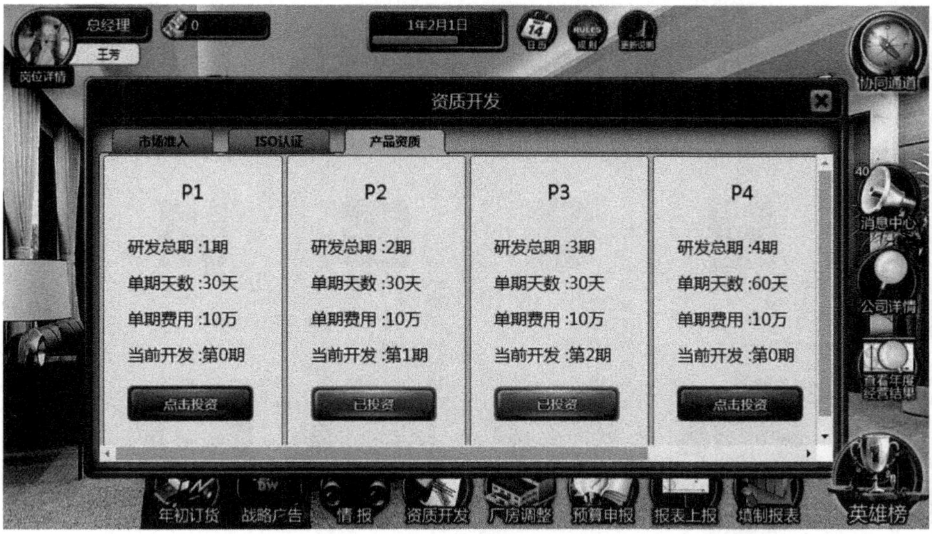

图 5-29 “资质开发”页面

生产总监申报预算，点击厂房内下方的“全线推进”，如图 5-30 所示，生产线推进至在建第 2 期。

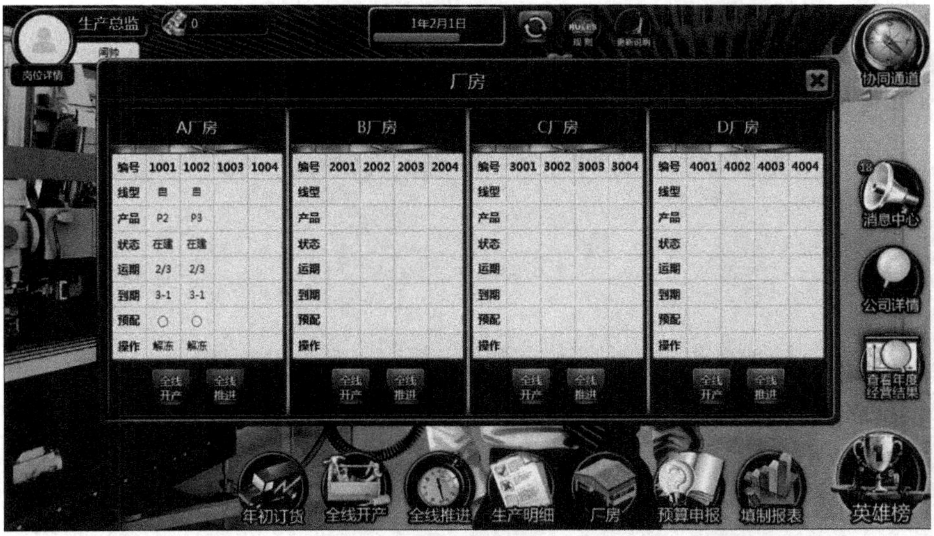

图 5-30 “厂房”页面

⑦企业经营沙盘运营中，原材料一般分为 R1、R2、R3、R4 四种，如图 5-31 所示，它们的采购价由系统设定，一般单个原材料价格均为 10 万元。其中 R1、R2 原材料在订购 1 个季度后到货支付，R3、R4 原材料在订购 2 个季度后到货支付。

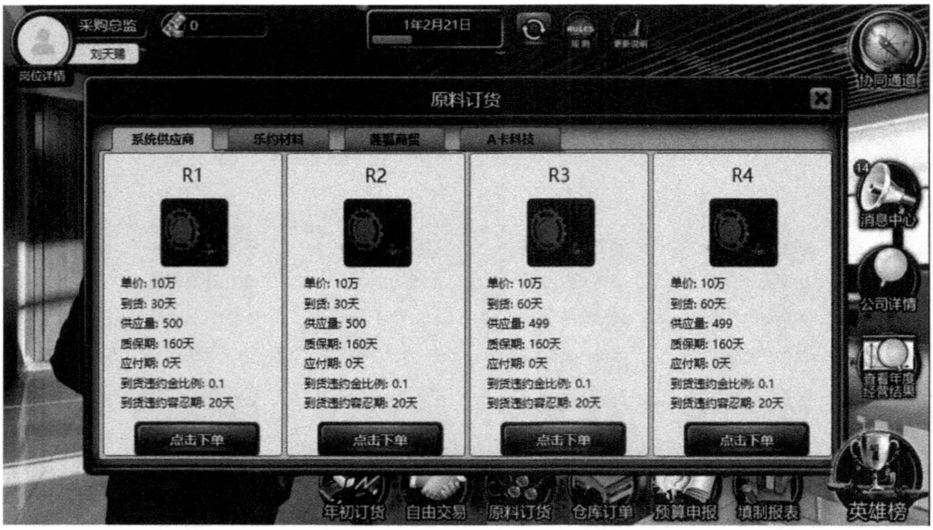

图 5-31 “原材料”页面

总经理将时间跳至本月 21 日，采购总监点击“公司大厦”，进入采购部办公室，随后点击下方“原材料订单”，如图 5-32 所示选择 R3、R4 两种原材料各下单一个（下单成功后可点击“仓库订单”进行查看）。财务总监支付管理费 5 万元。

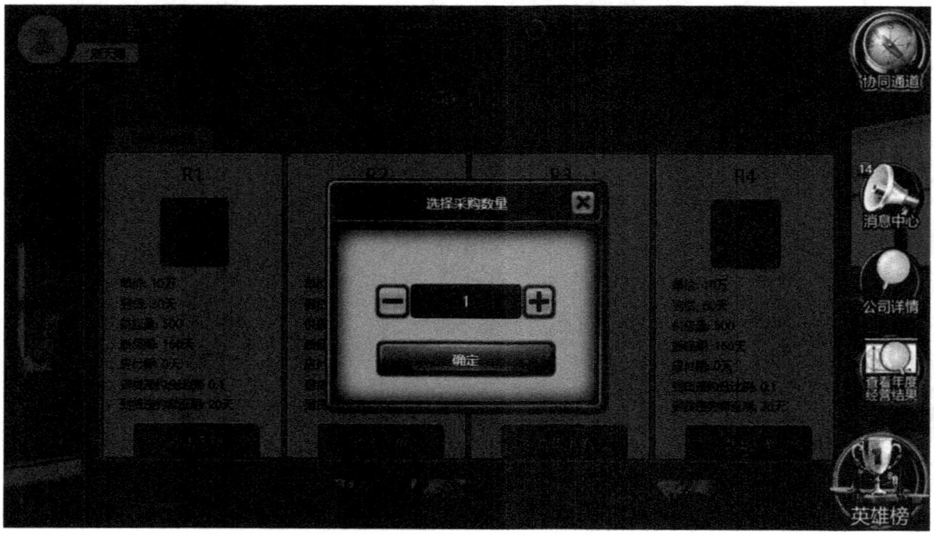

图 5-32 “原材料订单”页面

⑧总经理点击“本月结束”，系统自动跳至 1 年 3 月 1 日，生产总监申报预算推进生产线，总经理申报预算进行 P2、P3 产品资质研发。操作结束后，总经理将时间跳至本月

21日，采购总监采购R1、R2各一个，财务总监支付管理费用等，随后等待系统时间自动跳转至本季结束。

2. 第1年第2季度

①总经理点击查看“资质开发”，出现图5-33页面，资质已开发成功，可以生产该产品。

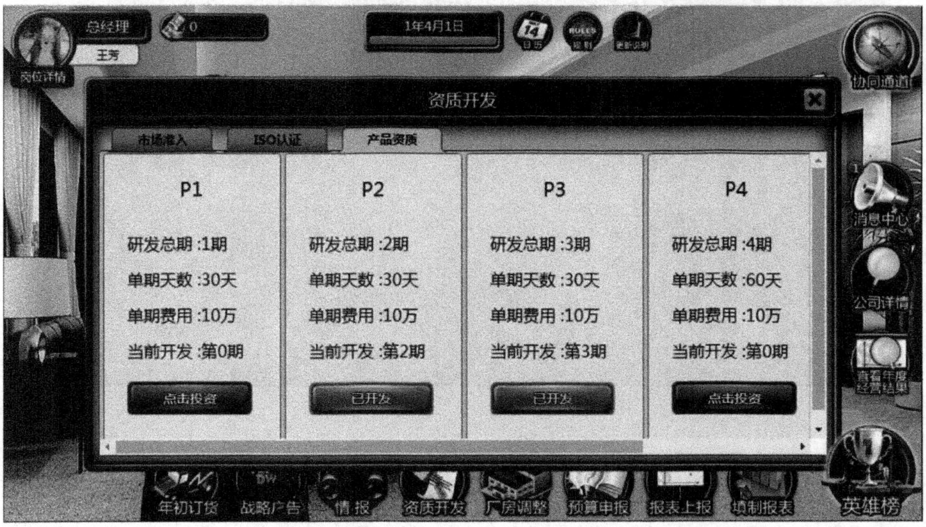

图5-33 “资质开发——产品资质”页面

②生产总监点击“全线推进”，如图5-34所示，建线成功但处于停产状态。

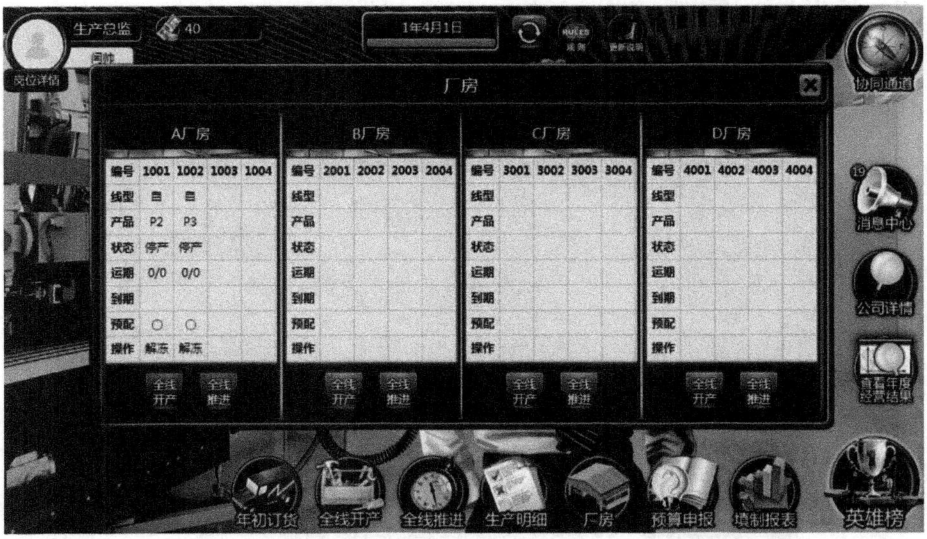

图5-34 “厂房”页面

申报预算 40 万元技改费用，单击生产线，弹出如图 5-35 所示对话框，点击“技改”，提高生产效率，将生产周期由 70 天缩短至 56 天。

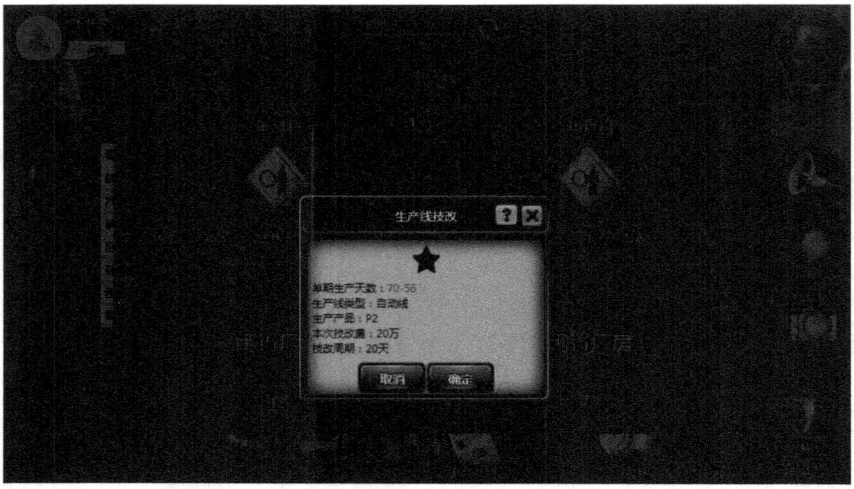

图 5-35 “生产线技改”页面

③此后两批产品开始生产，时间分别为 4 月 21 日和 6 月 17 日，因此 4 月 17 日需订购 2 个 R3、1 个 R4，5 月 17 日需订购 1 个 R1、1 个 R2。总经理跳转日期至 4 月 21 日，采购总监订购原材料。

④总经理将日期跳转至 4 月 21 日，采购总监申报预算材料费用 50 万元，点击“仓库订单”，单击“收入库中”，如图 5-36 所示。

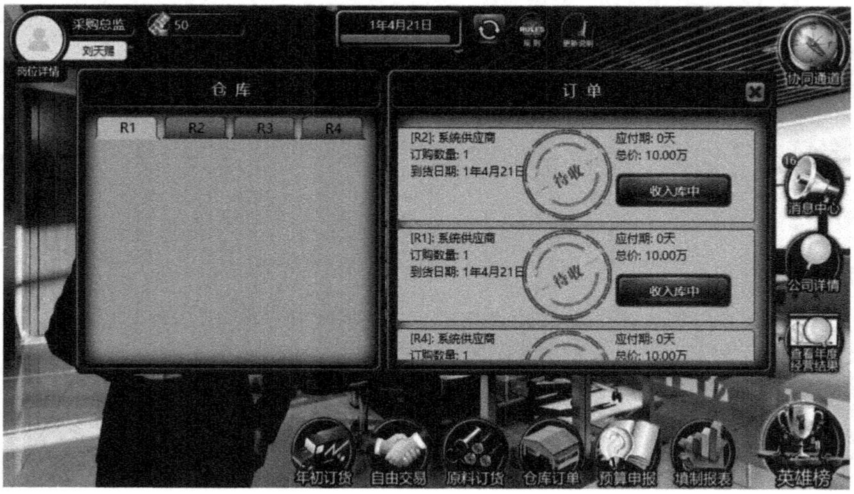

图 5-36 “采购总监—仓库订单”页面

⑤生产总监推进生产线，生产线处于停产状态，可进行预配生产。以图 5-37、5-38 所示的规则为例：

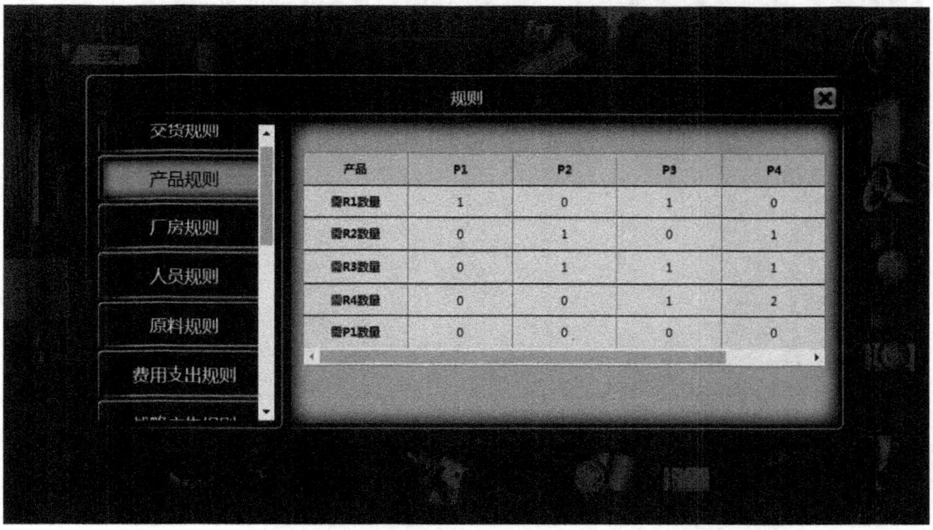

图 5-37 “产品规则”页面

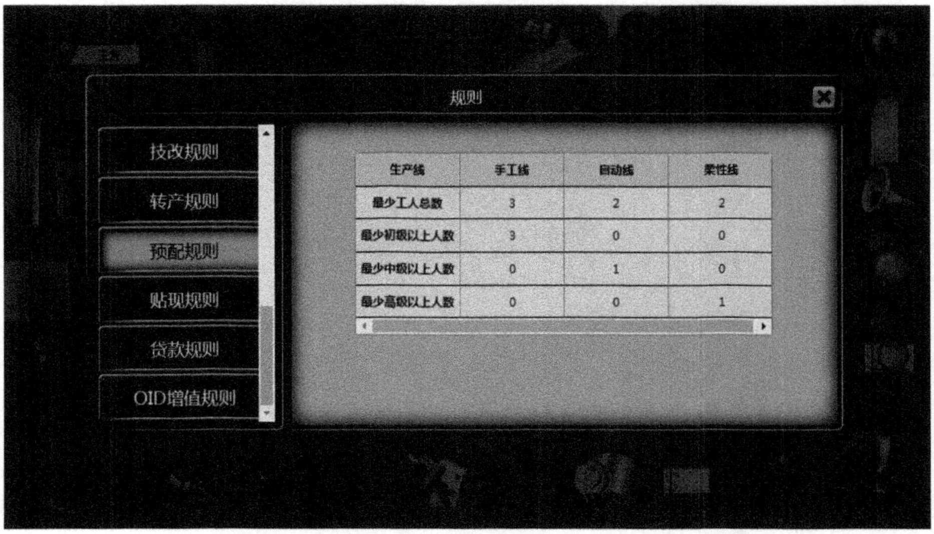

图 5-38 “预配规则”页面

生产 1 个 P2 需要 1 个 R1、1 个 R3、1 个 R4；生产 1 个 P3 需要 1 个 R2、1 个 R3。自动线生产需要 2 个工人且至少有 1 个为初级工。生产总监点击“生产线”进入详细操作页面，点击“预配”，按照图 5-39 所示填写，点击“确定”完成预配。

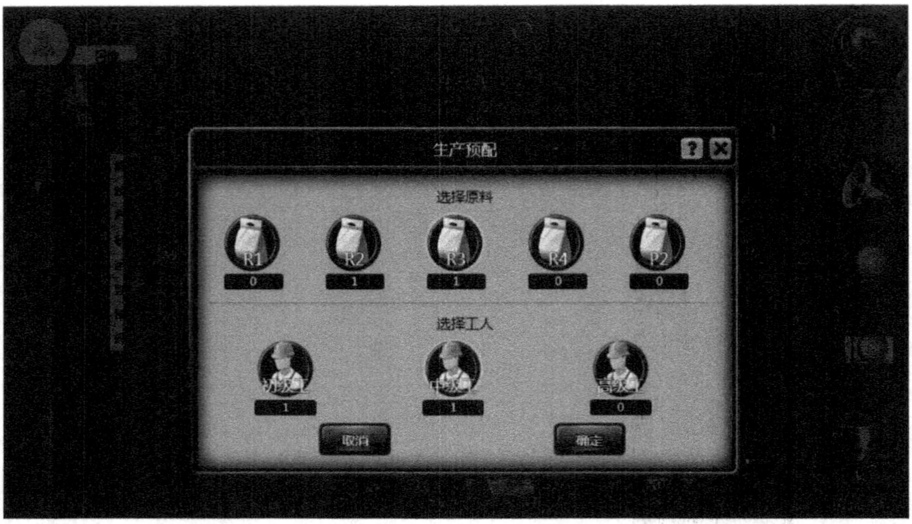

图 5-39 “生产预配”页面

申报两条生产线工人的加工费用预算 18 万元。单击“全线开产”开始生产，如图 5-40 所示，财务总监支付管理费用等，本月结束。

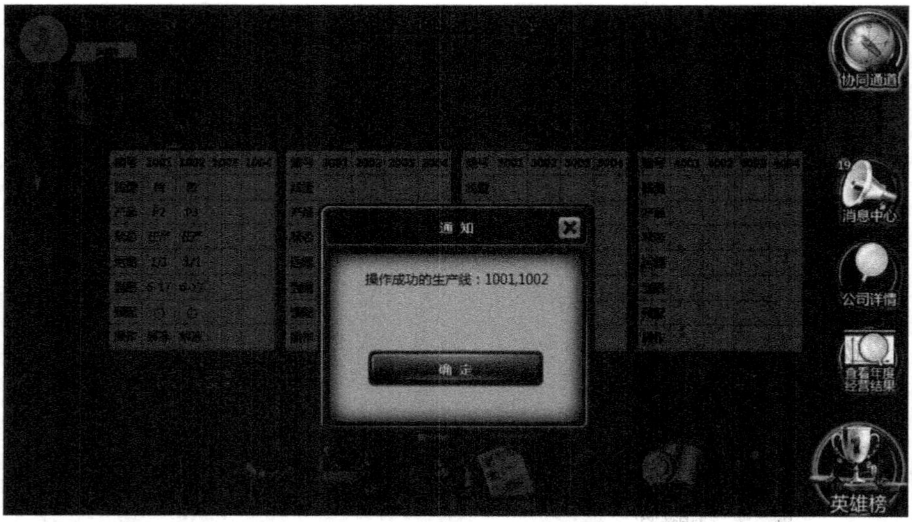

图 5-40 “全线开产”页面

⑥总经理将时间跳至 5 月 17 日，采购总监订购原材料 R1 1 个、R2 1 个，以供下一批产品生产。财务总监支付管理费用等，本月结束。

总经理将时间跳至 6 月 13 日，采购总监订购原材料 R3 2 个、R4 1 个，以供下一批产品生产。财务总监支付管理费用等，本月结束。

总经理将时间跳至 6 月 17 日，采购总监申报预算将原材料收入库中；生产总监推进生产线，1 个 P2、1 个 P3 产品已入库，预配原材料开始下一批产品的生产；销售总监进入城镇页面，单击“公司大厦”，进入销售部办公室，点击“仓库订单”，出现如图 5-41 所示页面，点击“交货”；财务总监形成应收账款，随后缴纳管理费用等，本季结束。

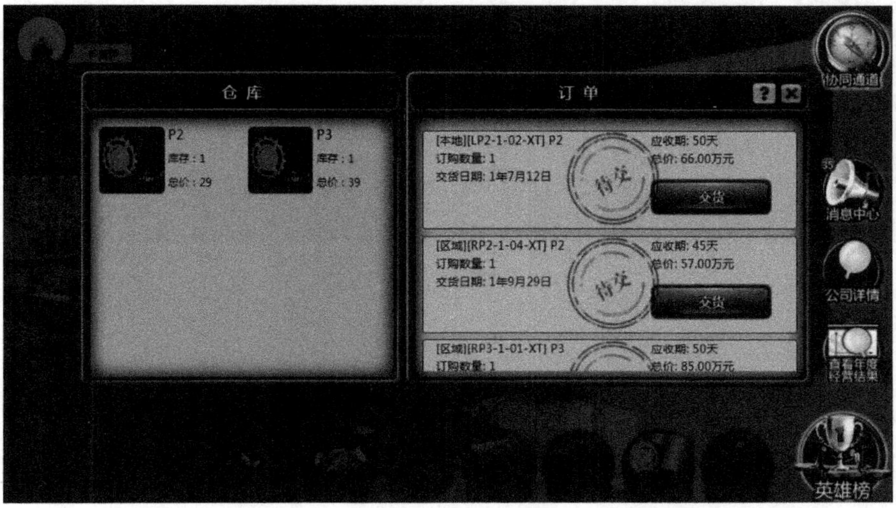

图 5-41 “销售总监—仓库订单”页面

3. 第 1 年第 3 季度

①总经理将时间跳至 7 月 13 日，采购总监订购原材料 R1 1 个、R2 1 个，财务总监支付管理费用等，本月结束。

②总经理将时间跳至 8 月 7 日，财务总监点击页面下方“往来账”，弹出如图 5-42 对话框，单击“收款”，资金已到账。

③总经理将时间跳至 8 月 9 日，采购总监订购原材料 R3 2 个、R4 1 个，以供下一批产品生产。

总经理将时间跳至 8 月 13 日，各职位总监依照上述所示流程进行生产和交货，财务总监形成应收账款，随后支付管理费用等，本月结束。

④总经理将时间跳至 9 月 9 日，采购总监订购原材料 R1 1 个、R2 1 个，以供下一批产品生产。

总经理将时间跳至 9 月 28 日，财务总监收回应收账款，随后支付管理费用等，本季结束。

图 5-42 “往来账”页面

4. 第 1 年第 4 季度

（1）季内营运流程

①总经理将时间跳至 10 月 5 日，采购总监订购原材料 R3 2 个、R4 1 个，以供下一批产品生产。

总经理将时间跳至 10 月 9 日，各职位总监依照上述所示流程进行生产和交货，形成应收账款，本月结束。

总经理将时间跳至 10 月 10 日，财务总监收回应收账款，随后支付管理费用等，本月结束。

②总经理将时间跳至 11 月 5 日，采购总监订购原材料 R1 1 个、R2 1 个，以供下一批产品生产。

总经理将时间跳至 11 月 20 日，财务总监收回应收账款，随后支付管理费用等，本月结束。

③总经理将时间跳至 12 月 1 日，采购总监订购原材料 R3 2 个、R4 1 个，以供下一批产品生产。

总经理将时间跳至 12 月 5 日，财务总监收回上笔交货订单应收账款。各职位总监依照上述所示流程进行生产和交货，形成应收账款，如图 5-43 所示，全部订单已交货。

④总经理预算申报投放战略广告，点击下方“战略广告”，弹出“战略市场”对话框，如图 5-44 所示，在本地、区域、国内进行投放，财务总监支付管理费用等，本月结束。

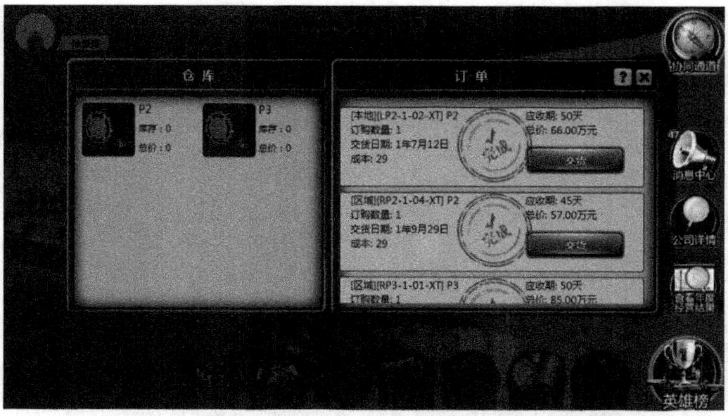

图 5-43 “销售总监—仓库订单”页面

图 5-44 “战略广告”页面

（2）年末营运流程

①各个职位人员分别填写各自的经营报表，如图 5-45 至图 5-49 所示。

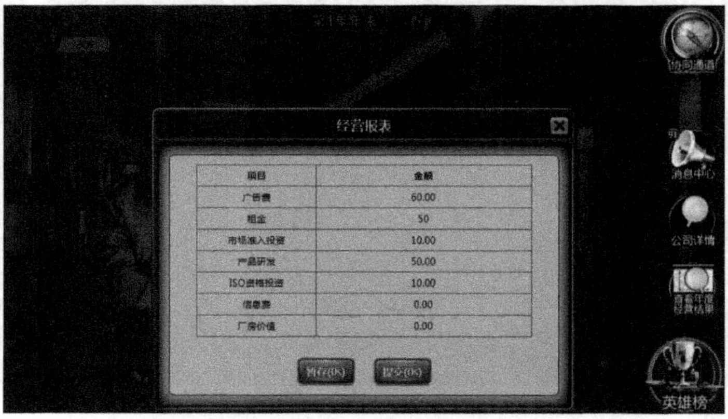

图 5-45 “经营报表—总经理”页面

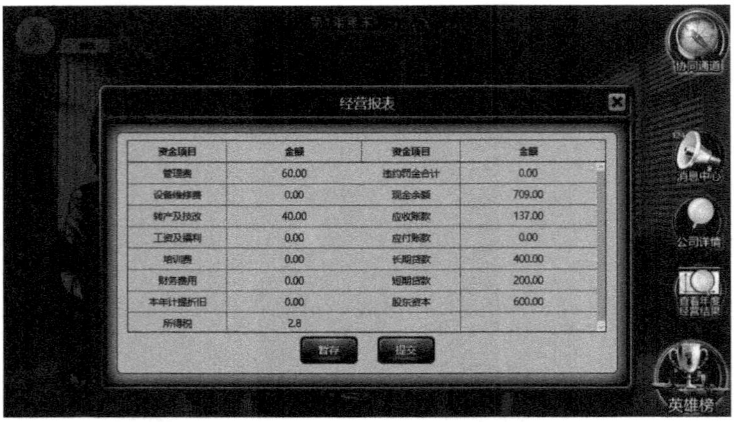

图 5-46 “经营报表—财务总监”页面

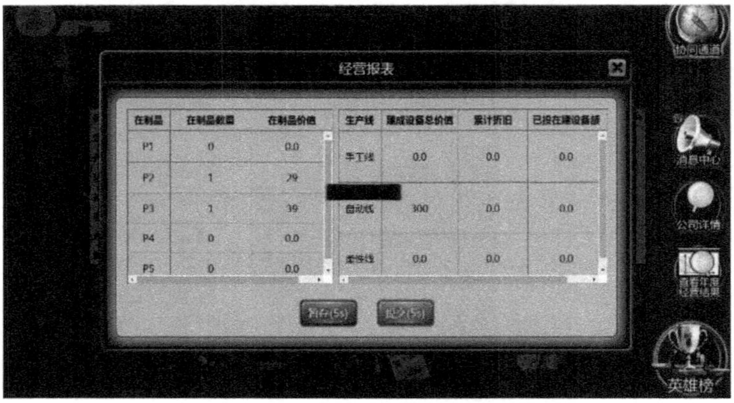

图 5-47 “经营报表—生产总监”页面

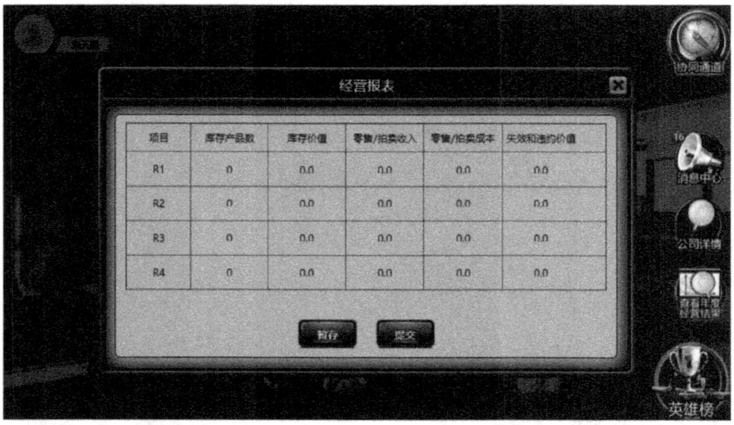

图 5-48 “经营报表—采购总监”页面

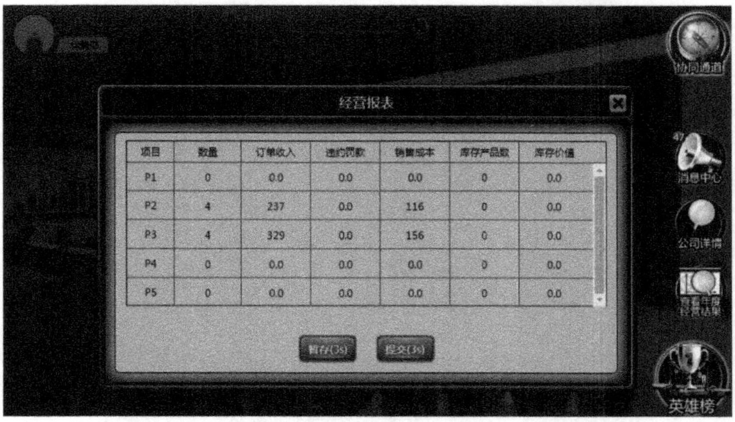

图 5-49 “经营报表—销售总监”页面

五个职位的经营报表提交后，总经理和财务总监可点击各自职位页面下方“报表上报”查看企业本年的费用表、利润表和资产负债表，如图 5-50 所示，核对报表是否填写正确，如有错误，各职位人员可随时修改各自报表。确认无误后，单击“提交报表”，报表上报至教师端系统，不可再做修改，本年结束。

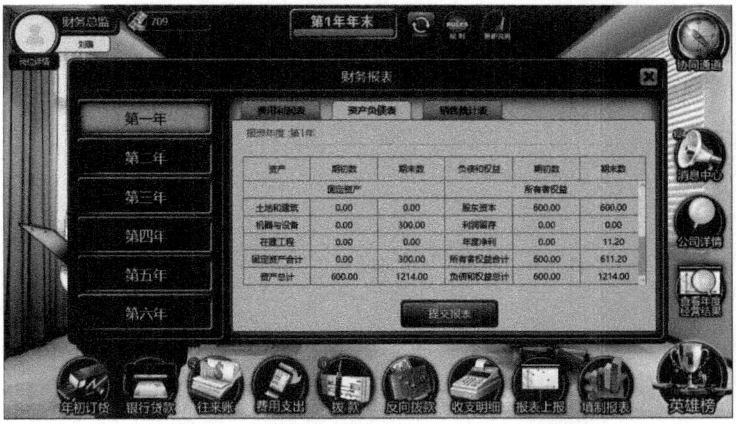

图 5-50 “资产负债表”页面

②总经理带领所有成员开始讨论下一年经营计划。

第6章

表格的编制与分析

6.1 综合费用表的编制与分析

综合费用表的编制主要是依据物理沙盘台面费用区的摆放，做到“账实相符”，并填入表格。

综合费用计算表的填制方法如下：

(1)“管理费”项目根据企业当年支付的行政管理费填列。企业每月支付 5 万元的行政管理费，全年共支付行政管理费 60 万元。需要注意的是，管理费是固定费用，每年的总额是 60 万元。

(2)“广告费”项目根据企业当年年初的“广告登记表”中填列的广告费填列，需要注意的是，战略广告的投放也属于广告费。

(3)“维修费”项目根据企业实际支付的生产线保养费填列。根据规则，只要生产线建设完工，不论是否生产，都应当支付相应的维修费，即当年年末结束，有几条建成的生产线，就交多少万元的维修费。比如，如果某生产线在第四季度在建，则该在建生产线（在建工程）不交维修费；如果该生产线在第四季度建成，就要交相应的维修费。

(4)“损失”项目的构成比较多，主要包括：

①紧急采购。原材料的紧急采购是订购价的 2 倍，产成品的紧急采购是成本的 3 倍，分别计算与正常订购价、正常生产成本的差额部分计入损失。

②生产线变卖。生产线的变卖属于非正常经常活动，生产线的净值与残值的差额部分计入损失。

③库存折价拍卖。原材料须按订购成本的 8 折拍卖，2 折计入损失。

④销售订单违约。企业没有按订单约定的条件交付产品，即构成违约，违约按违约订单销售额的 20%计算违约金，并计入损失。

（5）“转产及技改费”根据企业生产线转产支付的转产费及技改支付的技改费填列。

（6）“租金”项目根据企业支付的厂房租金填列。

（7）“市场开拓费”根据企业本年开发市场支付的开发费填列。为了明确开拓的市场，需要在“备注”栏本年开拓的市场前画“ √ ”。

（8）“产品研发费”项目根据本年企业研发产品支付的研发费填列。为了明确产品研发的品种，应在“备注”栏产品的名称前画“ √ ”。

（9）“ISO 认证费”项目根据企业本年 ISO 认证开发支付的开发费填列。为了明确认证的种类，需要在“备注”栏本年认证的名称前画“ √ ”。

（10）“信息费”项目根据系统参数设定计算。

见表 6-1 。

表 6-1　综合费用表

综合费用表			
项目	年初数	期末数	备注
管理费			每月 5 万元，每年 60 万元，各年相同
广告费			1~6 年每年各产品、各市场投放总和
设备维护费			根据生产线相匹配的维修费缴纳
转产及技改费			转产及技改花费总额
租金			
市场准入开拓			□国内　□亚洲　□国际
产品研发费			P1（ ）P2（ ）P3（ ）P4（ ） P5（ ）
ISO 资格认证			□ ISO9000　　□ ISO14000
信息费			
培训费			
工资及福利			
费用合计			

6.2 利润表的编制与分析

利润表的编制主要是依据企业的年度订单销售信息、生产产品成本信息和综合费用表填列，具体方法如下：

（1）利润表中“上年数”栏反映各项目的上一年的实际发生数，根据上一年利润表的“本年数”填列。利润表中“本年数”栏反映各项目本年的实际发生数，根据本年实际发生额的合计填列。

（注意：为了更好地进行年度之间的对比分析，建议填表人把上一年数和本年数都填完整。）

（2）“销售收入”项目反映企业销售产品取得的收入总额。本项目应根据“产品核算统计表”填列，具体参见附录。

（3）“直接成本”项目反映企业本年已经销售产品的实际成本。本项目应根据“产品核算统计表”填列。

（4）“毛利”项目反映企业销售产品实现的毛利。本项目是根据销售收入减去直接成本后的余额填列。

（5）“综合费用”项目反映企业本年发生的综合费用，根据“综合费用表”的合计数填列。

（6）“折旧前利润”项目反映企业在计提折旧前的利润，根据毛利减去综合费用后的余额填列。

（注意：在约创沙盘模拟中计算该项目数据，是为了更好地反映企业现有资产创造收益的能力。）

（7）“折旧”反映企业当年计提的折旧额，根据当期计提的折旧额填列，可通过核对物理沙盘台面上费用区的折旧中的“灰币”填列。

（8）“支付利息前利润”项目反映企业支付利息前实现的利润，根据折旧前利润减去折旧后的余额填列。

（9）“财务费用”项目反映企业本年发生的长期贷款、短期贷款的利息，再加上应收款贴息计算填列，也可以通过物理沙盘台面上的“利息”填列。

（10）“税前利润”项目反映企业本年实现的利润总额。本项目根据支付利息前利润减去财务费用后的余额填列。

（11）“所得税”项目反映企业本年应缴纳的所得税费用。

（12）“年度净利润”项目反映企业本年实现的净利润，本项目根据税前利润减去所得税后的余额填列，见表6-2。

表 6-2 利润表

利润表		
项目	期初数	期末数
销售收入		
直接成本		
毛利		
综合费用		
折旧前利润		
折旧		
支付利息前利润		
财务费用		
营业外收支		
税前利润		
所得税		
年度净利润		

6.3 资产负债表的编制与分析

资产负债表的编制主要是依据综合费用表、利润表、公司的实际情况填列的，资产负债表能体现出企业本年生产经营状况，并为下一年资金预算表的编制提供基础。具体编制方法如下：

（1）资产负债表由期初数和期末数两个栏目组成。资产负债表的期初数栏各项目数字应根据上年年末资产负债表期末数栏内所列数字填列。资产负债表的“期末数”栏各项目，主要根据约创物理沙盘盘面的资产状况，通过盘点后的实际金额和有关项目期末余额资料编制。

（2）资产类项目主要根据约创沙盘物理沙盘盘面的资产状况通过盘点后的实际金额填列。

（3）负债类项目中的长期负债和短期负债根据约创沙盘物理沙盘盘面上的长期借款和短期借款数额填列，如果有将于一年内到期的长期负债，应单独反映。

（4）应交税金项目根据企业本年利润表中的所得税项目的金额填列，具体计算规则参见表 6-2。

（5）所有者权益类中的股东权益项目，直接根据上年年末利润表中的股东资本项目填列。

（6）利润留存项目根据上年利润表中的利润留存和年度净利两个项目的合计数填列。

（7）年度净利项目根据本年利润表中的净利润项目填列。

见表6-3 。

表 6-3 资产负债表

资产负债表					
项目	**期初数**	**期末数**	**项目**	**金额**	**备注**
现金			长期负债		
应收款			短期负债		
在制品			应付款		
产成品			应交税金		
原材料					
流动资产合计			负债合计		
土地和建筑			股东资本		
机器与设备			利润留存		
在建工程			本年利润		
固定资产合计			权益合计		
资产总计			负债+所有者权益总计		

6.4 资金预算表的编制

在约创企业中，最稀缺的资源是资金和时间。综合费用需要支付资金，各项投资需要资金，到期还债需要资金，如果没有一个准确详尽的资金预算，很快你会焦头烂额、顾此失彼。因此，每年年初做好资金预测是非常重要的。它可以使你运筹帷幄，游刃有余。本书在附表中准备了资金预算表供同学们使用。

但是，如何编制资金预算表呢？首先，沙盘模拟企业应在总经理的带领下，通过年度会议讨论出本企业的总体战略和年度战略。然后，在每年的年初（投放广告之前），由财务部经理编制本年度的资金预算表。

（1）财务部经理先根据企业的投产计划，把企业的现金支出项目在表中以负值填列。

（2）根据企业的融资计划把贷款收入金额以正值在表中填列。

（3）根据（1）（2）项出现的资金短缺，合理安排资金贴现，计算出贴现收回金额，以正值在表中填列。

（4）如还有资金短缺，考虑增加融资金额或资产变卖，填入表中。

在模拟经营中，同学们可以自行编制符合自己习惯的资金预算表，并做成 Excel 表格，设计好公式，简化计算过程，提高效率。

6.5 其他报表的编制与分析

一、总经理的报表编制与分析

在企业经营管理中，总经理是至关重要的，要带领队员根据产能、资金流制订下一年的计划、分析其他队伍的运营情况以及出现各种突发情况时能及时改变经营策略，灵活应对以保证企业能顺利运营并实现利润最大化。总经理还有一项非常重要的任务——填制报表。

编制总经理的报表包括以下内容：

（1）广告费用包含年初的经营广告费用和年末的战略广告费用；

（2）市场准入投资是根据企业本年开发市场支付的开发费填列；

（3）产品研发根据企业本年研发产品支付开发费填列；

（4）ISO 资格认证根据企业本年 ISO 资格的研发费填列；

（5）厂方价值是指企业本年购买的厂房的价格填列。

见表 6-4 。

表 6-4　总经理报表

总经理	
项目	金额
广告费	
资金	
市场准入投资	
产品研发	
ISO 资格投资	
信息费	
厂房价值	

二、财务总监报表的编制与分析

企业经营过程中财务总监是核心，财务总监需要在经营决策调整之后迅速对调整后的资金做出详细的预算。事关企业的后续经营与发展，财务总监还需要填制综合费用表、利润表、资产负债表、资金预算表及其自身所须填列的报表。

财务总监报表的具体编制方法如下：

（1）管理费项目根据企业当年支付的行政管理费填列。企业每月支付5万元的行政管理费，全年共支付行政管理费60万元。需要注意的是，管理费是固定费用，每年的总额是60万元。

（2）维修费项目根据企业实际支付的生产线保养费填列。根据规则，只要生产线建设完工，不论是否生产，都应当支付相应的维修费，即当年年末结束，有几条建成的生产线，就交多少万元的维修费。比如，某生产线在第四季度在建，则该在建生产线（在建工程）不交维修费；如果该生产线在第四季度建成，就要交相应的维修费。

（3）转产及技改费根据企业生产线转产支付的转产费及技改支付的技改费填列。

（4）财务费用项目反映企业本年发生的长期贷款、短期贷款的利息，再加上应收款贴息，以及本年的利息违约金和还贷本金违约金四项之和；也可以通过物理沙盘台面上的“利息”填列。

（5）折旧反映企业当年计提的折旧额，根据当期计提的折旧额填列。

（6）所得税项目反映企业本年应缴纳的所得税费用。

操作方法如下：

①不填写所得税提交报表，上报“财务岗统计表”。

②生成了资产负债表后，取“权益合计项”数值。

③计算应纳税额=当前权益合计－上一次缴纳所得税的权益合计（或称税基数）。

④如果应纳税额＞0，则计算所得税=应纳税额×所得税税率；如果应纳税额＜0，所得税=0，即不缴所得税。

⑤再次填报所得税：用计算出的所得税值填报，再次上报；重新生成公司经营报表后，完成岗位报表。

（7）违约罚金合计包括维修费违约、管理费违约、代工收货违约、税款违约，租金违约等其他岗位没有指定填报的违约金，都在此项中填报。

如表6-5所示。

表 6-5 财务总监报表

财务报表			
资金项目	金额	资金项目	金额
管理费		违约罚金合计	
设备维修费		现金余额	
转产及技改费		应收账款	
工资及福利		应付账款	
培训费		长期贷款	
财务费用		短期贷款	
本年计提折旧		股东资本	
所得税			

三、生产与采购总监报表的编制与分析

1. 采购总监报表的编制与分析

（1）“库存产品数”为本年度厂房所生产完工的未销售产品数量。可根据生产总监界面的“公司详情”中库存商品的具体数量进行填制。

（2）“库存价值”为本年度生产完工但未销售产品的生产成本。可根据生产总监界面的“公司详情”中库存商品的具体数量下方的金额进行填制。

（3）“零售或拍卖收入”为当年在现货市场卖出原料和在拍卖市场卖出原料的总收入（需要在零售时记录）。

（4）“零售或拍卖成本”为当年在现货市场卖出和在拍卖市场卖出时出库的总成本（需要在零售时记录）。

（5）“失效和违约价值”为当年被强制清除的过期原料价值（需要查询相关消息统计），以及收货违约产生的违约金和订单取消产生的收货违约金（需要查询当年的采购订单获得）。

见表 6-6 。

表 6-6 采购总监报表

采购总监					
项目	库存产品数	库存价值	零售/拍卖收入	零售/拍卖成本	失效和违约价值
R1					
R2					
R3					
R4					

2. 生产总监报表的编制与分析

（1）“在制品数量”为厂房内生产线上正在进行生产的产品数量。

（2）“在制品价值”为当前所有生产线上的在制品总价值，包括原料成本和计件工资，数据来源于当前生产线详情。

（3）“建成设备总价值”为厂房内已建成的所有生产线的总价值。

（4）“累计折旧”为厂房内已建成的所有生产线需要计提的折旧费用合计。

（5）“已投在建设备额”为当前在建的生产线已经投入的资金总和，即不管何时开始投建的生产线，只要是当前的状态是在建，则统计全部已投入资金的总和。

见表 6-7 。

表 6-7 生产总监报表

<table>
<tr><th colspan="7">生产总监</th></tr>
<tr><th>在制品</th><th>在制品数量</th><th>在制品价值</th><th>生产线</th><th>建成设备总价值</th><th>累计折旧</th><th>已投在建设备额</th></tr>
<tr><td>P1</td><td></td><td></td><td rowspan="2">手工线</td><td rowspan="2"></td><td rowspan="2"></td><td rowspan="2"></td></tr>
<tr><td>P2</td><td></td><td></td></tr>
<tr><td>P3</td><td></td><td></td><td rowspan="2">自动线</td><td rowspan="2"></td><td rowspan="2"></td><td rowspan="2"></td></tr>
<tr><td>P4</td><td></td><td></td></tr>
<tr><td>P5</td><td></td><td></td><td>柔性线</td><td></td><td></td><td></td></tr>
</table>

3. 如何计算产能以及订购原材料

约创沙盘企业处于一个非常激烈的竞争性环境中，因此在接订单时不能想拿几张订单就拿几张，在这里一定要做到“知己”，即应当知道自己的产能，否则年底交不上货，就要承担违约带来的损失，所以接单前一定要先计算产能，即可承诺量[①]。

产能计算的方法：

我们可以准确计算出每年、每个季度、每条生产线的产量及原材料的定购数量，以第一条自动线为例，如果第一年 6 月 11 日可以上线一个 P1 产品，那么意味着同期将可以下线一个 P1 产品。要上线必须先有原材料，R1、R2 需要提前 30 天订货，R3、R4 需要提前 60 天订货，根据产品的 BOM 图，我们知道 P1 主要是由 R1 原材料组成的，所以 6 月 11 日要上线一个 P1，则 5 月 11 日一定要下一个 R1 的原材料订单。自动线一个季度下线一产品，第一年 6 月 11 日上线的 P1 将在本年的 8 月 21 日下线……

如果转产，以自动线为例，该线第一年的 11 月 1 日下线了一个 P1 产品，根据产品的

① 本书已提供空白表格供学生使用，参见附录。

价格和市场需求量，我们觉得该线生产 P2 更为合理（P2 已研发成功），但是自动线转产周期为 2 期，每期 15 天，转产费用为每期 20 万元，如果 11 月 1 日该线上线 P2 产品，那么 9 月 1 日必须下一个 R3，10 月 1 日下一个 R2 的原材料采购订单，否则就得停工待料。

对于手工生产线，以线 2 为例，第二年 1 月 1 日要上 P3 产品，根据产品的 BOM 图，必须在第一年 11 月 1 日下一个 R3 和 R4 订单，第一年 12 月 1 日下 1 个 R1 订单，这样才能保证产品上线，当然我们在定购原材料的时候，要注意扣减已有的原材料库存。

四、销售总监报表的编制与分析

填制销售总监的报表包括如下内容：

（1）“数量”项目反映企业一年出售的产品数量。

（2）“订单收入”项目反映某个产品在该年的销售收入。

（3）“违约罚款”项目是指企业没有按订单约定的条件交付产品，即构成违约，违约按违约订单销售额的 20%计算违约金。

（4）“销售成本”项目即为某个产品在一年内销售数量的成本。

（5）“库存产品数”项目为年末企业该产品剩余的数量。

（6）“库存价值”项目为年末企业剩余产品数量的成本。

见表 6-8 。

表 6-8 销售总监报表

销售总监						
项目	数量	订单收入	违约罚款	销售成本	库存产品数	库存价值
P1						
P2						
P3						
P4						
P5						

第7章

约创沙盘模拟技巧

7.1 约创沙盘模拟技巧

在第一次接触 ERP 约创沙盘时，便会让人找到那种在没有硝烟的战场上厮杀的快感；见识到那种运筹帷幄之中，决胜千里之外的智慧；也经历了一着不慎，满盘皆输的惨痛；更体味到那种置之死地而后生的幸运。第一次将自己的所学运用于实践，并见效果，个中甘苦，实在让人回味悠长！

下面是笔者通过和多位 ERP 约创高手、指导教师交流探讨后，加上一点自己的研究总结出的一些规律性知识。希望这些东西能给 ERP 沙盘爱好者以实用性的帮助，同时也欢迎大家提出异议，相互切磋，相互进步，为推广这项活动而共勉。

一、整体策略篇

俗话说，“凡事预则立，不预则废”“未曾画竹，而已成竹在胸”。做 ERP 约创沙盘模拟前，也要有一整套策略成型于心，方能使你的团队临危不乱，镇定自若，在变幻莫测的比赛中笑到最后。

1. 力压群雄——霸王策略

策略介绍：在开赛初，筹到大量资金用于扩大产能，保证产能第一，以高广告策略（后面有详细介绍）夺取本地市场老大，并随着产品开发的节奏，成功实现 P1 向 P2、P2 向 P3 的主流产品过渡。在竞争中始终保持主流产品销售量和综合销售量第一，后期用高广告策略争夺主导产品的最高价市场的老大，保持权益最高，使对手望尘莫及，难以超越，最终直捣黄龙，夺得头筹。

运作要点：运作好此策略关键有两点，一是资本运作，使自己有充足的资金用于产能扩大，并能抵御强大的还款压力，使资金运转正常，所以此策略对财务总监要求很高；二是为实现精确的产能测算与生产成本预算，如何安排产能扩大节奏？如何实现零库存？如何进行产品组合与市场开发？这些将决定最终的成败！

评述：采取霸王策略的团队要有相当的魄力，像当年霸王项羽那样，敢于破釜沉舟，谨小慎微者不可取。此策略的劣势在于如果资金或广告在某一环节出现失误，则会使自己陷入十分艰难的处境，过大的还款压力，可能将自己压至破产，所以此策略风险很高。

2. 忍辱负重——越王策略

策略介绍：采取次策略者通常有很大的产能潜力，但由于期初广告运作失误，导致权益过低，处于劣势地位，所以要在第二年、第三年不得不靠 P1 维持生计，延缓产品开发计划，或进行 P2 产品开发，积攒力量，度过危险期。在第四年时，突然推出 P3 或 P4 产品，配以精确广告策略（后面有详细介绍），出其不意地攻占对手们的薄弱市场，在对手忙于应对时，自己早已把 P3、P4 的最高价市场把持在手，并抓住不放，不给对手机会，最终称霸中原。

运作要点：此策略制胜的关键点在于广告运作和现金测算上，因为要采取精确广告策略，所以一定要仔细分析对手情况，找到其在市场中的薄弱环节，以最小的代价夺得市场，降低成本；其次，现金测算，因为要出奇兵 P3 或 P4，但这些产品对现金要求很高，所以现金测算必须准确，因为现金断流在其次，关键是完不成订单而遭罚，从而前功尽弃，功亏一篑。

评述：越王策略，不是一种主动的策略，多半是在不利的情况下采取的，所以团队成员要有很强的忍耐力与决断力，不要被眼前一时的困境压倒，要学会“好钢用在刀刃上”，节约开支，降低成本，先图生存，再想夺占！

3. 见风使舵——渔翁策略

策略介绍：当市场上有两家实力相当的企业争夺第一时，渔翁策略就派上用场了。首先在产能上要努力跟随前两者的开发节奏，同时内部努力降低成本，在每次新市场开辟时均采用低广告策略，规避风险，稳健经营，在双方两败俱伤时立即占领市场。

运作要点：此策略的关键，第一，在于一个稳字，即经营过程中一切按部就班，广告投入、产能扩大都是循序渐进，逐步实现，稳扎稳打；第二，要利用好时机，时机稍纵即逝，因此一定要仔细分析对手。

评述：渔翁策略在比赛中是常见的，但要成功一定要做好充分准备，只有这样才能在机会来临时，一下抓住，从而使对手无法超越。

总的来说，我们应该用战略的眼光去看待业务的决策和运营，根据产品的需求预测做出正确而有效的企业运营决策，然后在资金预算允许的范围内，在合适的时间开发新产品，提高公司的市场地位。在此基础上，开发本地市场以外的其他新市场，进一步拓展市场领域，从而再扩大生产规模，采用现代化生产手段，努力提高生产效率。另外，每个人还要各尽其责，在必要的基础上，充分利用其他企业良好的人力资源，为企业进一步发展做铺垫，从而使企业获得更好的经济效益。

从小的方面来说，每组中必须指定一个负责任务清单的核算。每步都需要组员集中精力去听、去做，不能出一点差错，否则会直接影响到本年的报表不平或是下一年的任务混乱。每年的企业运营过程中，有几点至关重要：

（1）广告

①每年年初打广告时，要注意在上一年年末时特别注意留存的现金，要保证足以支付下一年的广告费，如若不够，就要立即贴现，留够下一年的广告费，再作报表。

②第一年投广告费时，一定要占领本地或区域市场老大，而在以后几年市场竞争激烈时，至少要保住一个市场老大。另外，要问清楚评委老师有没有“二次加单”，如若没有，则营销总监只能根据市场预测一次性地投入广告费，这就从根本上给营销总监打广告增加了一定难度，需要更好地预测及推测市场情况。

③在接下来几年的运营中，广告费至关重要，一定不可马虎。只有广告打好了，才能保证拿好订单。否则，即使企业的生产能力再强，如果订单没拿够，那么生产出的产品在库存积压卖不出去就又成了问题，如果订单拿够，而产品不够，而应及时考虑到其他企业，也就是周围的人力资源，做彼此间的交易，买入订单，买产品等，以确保企业的正常运行与稳步发展。

（2）登记销售订单

①一定要认真、细心。

②每种产品的直接成本一定要计算清楚，不能混淆。否则，将直接影响到计算毛利及净利润，使报表不平。

（3）有关长期贷款、短期贷款

①年度短贷，要在第二年的第一季度还本付息。如果所有者权益允许，则还可续借短贷，但要支付利息。在企业能力允许的情况下，短贷也可提前还款同时支付利息。

②企业要充分利用短贷的灵活性，根据企业资金的需要，分期短贷，这样可减轻企业的还款压力。

③长贷及短贷在每次还款时，都要先看贷款额度。

④申请贷款时，要注意一点：所有者权益×2=A，则：长贷$\leqslant$A，短贷$\leqslant$A，长短贷一定要分开计算。

（4）原材料入库及下原料订单

规则中规定原材料采购需提前下达采购订单，只要下了订单，都必须入库。所以采购经理和运营总监一定要根据 CEO 的决策提前预算出每季度每种材料下订单的个数及入库产品的种类和个数。

（5）产品研发投资

①一个好的企业不会局限于生产单一的产品，这样的企业是不会长久的。

②越是有实力的企业，它推出的产品在市场划分中就越细，而没有远见的企业一般只会去做一种产品，所以说在产品研发投资上，我们应在预算允许的前提下开发多种产品，从而提高企业的市场地位，为公司的长远做打算。

（6）折旧

①新投资的机器设备当年不计提折旧。

②在计提折旧时，按年初设备价值的 1/3 计算（不计小数部分），如果设备价值小于 3 百万元，则每年折旧 1 百万元，直到残值为 0 止。在折旧方面，我们应尤为注意，不能出错。

（7）新市场开拓投资，和 ISO 资格认证的投资

这里要注意的是，ISO 资格认证的投资只针对市场不针对产品。从以上我们可以看出，一个好的企业需要有一种好的团队协作精神。比赛时，企业的起点都是一样的，当我们用数学的角度来观察它时，会发现企业的运行模式好似一条呈开口方向向上的抛物线。这就使我们必须想办法提高第二年的销售额，做到第二年尽量少赔，然后再充分发挥每条生产线的作用，以保证以后几年企业顺利经营运行。但在比赛时，如果我们预算不准确，没有报着一种“居安思危”的态度，就会导致企业在第三年时跌入低谷，这告诉我们企业顺利运行的大忌是“急于求成”。另外，没有充分利用其他组良好的人力资源也是一次教训。总之，“稳”中求“胜”是非常重要的。

7.2 ERP 约创沙盘模拟学习总结

1. 在犯错误中学习

“一将功成万骨枯”，这句话除了对战争残酷性的批判之外，还揭示了一个更加深刻的管理学问题，那就是完全依靠管理实践在实战中培养管理者，其代价是极其惨重的，大范围的岗位轮换虽然是培养经营型管理人才的有效方法，但这些方法会使组织付出高昂的培养成本，承受极大的失败风险。

但是在沙盘模拟训练中，多犯错误收获反而更大。不管你犯了多少低级可笑的错误，暴露了多少自身存在的缺点，有多少决策和执行的失误，都不会给企业造成任何实际的经济损失。而模拟经营中那些痛苦的教训和失败的经历却能令我们在特定的竞争环境下，与实战相比有着更深切并且具体的体会。

2. 构建战略思维

战略思维从始至终都应该在组织成员的意识和行动上有所体现，即从整体上思考问题，其远比各管一摊有效率得多。

另外，一个企业如何建立战略也是一个相当重要的问题，不可以被无视企业长期发展的“当期”意识制约管理者战略纵深思维的形成，对企业持续发展和长期利益构成直接伤害。现代优秀的职业经理人必须树立基于现实的未来意识，因为只有这样，管理者才能走出势利与卑微，才能回归责任与诚信，管理者的价值才能得以体现，企业才能持续发展、走向未来。

沙盘模拟培训的设计思路充分体现了企业发展必然遵循的历史与逻辑的关系，从企业的诞生到企业的发展壮大都取决于战略的设定。要求管理团队必须在谋求当期的现实利益基础之上做出为将来发展负责的决策。管理者必须承担历史责任，学习运用长期的战略思想制定和评价企业决策，而且必须有诚信的职业操守。

3. 受用于群体决策

一个组织是否成熟，明显的标志就是看它有没有能力形成并运用组织的智慧。沟通、协作和群体意识在未来企业竞争中的作用越来越被有远见的组织关注。中国企业更是迫切需要走出独断决策的传统误区，仅仅依靠特殊资源构建竞争优势的老路已经走到了尽头，企业的竞争越来越趋向于组织整体智慧的较量。

在巨大的竞争压力和时间压力下，要想取胜就必须快速建设能力超群的高效团队，形成团队个体之间的优势互补，运用团队智慧，对环境变化做出准确的判断和正确的决策。在没有经验的一群人中，如果只按照自己分内的职责做事，不愿意别人伸手参与，无疑是狭隘而没有发展的。

附录 1　实验报告

实 验 报 告

课 程 名 称________________________________

姓　　　名__________系 别 班 级__________

组　　　别________________________________

同组者姓名________________________________

实 验 时 间___年__月__日 至 ___年__月__日

指 导 教 师__________职　　　称__________

实 训 成 绩__________教 师 签 字__________

实验地点		软件平台	
实验设备		实验类型	
实验目的：			
预习基本知识点：			
实验方法、步骤及内容：			

实验结论与分析、存在的问题：

附录 2　默认系统规则简表

“约创”实践平台——重要经营规则

附表 2-1　市场开拓信息表

名称	研发状态	研发期	单期研发金额（万元）	单期研发时间
本地	已研发	1 年	10	30 天
区域	已研发	1 年	10	30 天
国内	未研发	1 年	10	30 天
亚洲	未研发	2 年	10	60 天
国际	未研发	3 年	10	60 天
*开发费用按开发时间在年初平均支付，不允许加速投资 *市场开发完成后，领取相应的市场准入证				

附表 2-2　ISO 资格认证信息表

名称	研发状态	研发期	单期研发金额	单期研发时间
ISO 9000	未研发	1 年	10 万元/年	1 年
ISO 14000	未研发	1 年	10 万元/年	1 年
*开发费用在年初支付，不允许加速投资 *开发完成后，领取相应的资格证				

附表 2-3　产品研发表

名称	研发状态	研发期	单期研发金额（万元）	单期研发时间
P1	未研发	1 期	10	30 天
P2	未研发	2 期	10	30 天
P3	未研发	3 期	10	30 天
P4	未研发	4 期	10	60 天
P5	未研发	5 期	10	60 天
*不允许加速投资，但可以中断投资				

附表 2-4 贷款表

贷款类型	长贷	短贷
最短期限	360 天	90 天
最长期限	3 年	4 季
最大额度	2 倍往年权益	2 倍往年权益
还款方式	每年付息，到期还本	到期还本付息
贷款利息	10%	5%
利息违约容忍期	30 天	30 天
还款违约容忍期	25 天	25 天
利息违约比例	10%	10%
还款违约比例	10%	10%
利息违约 OID 减数	0.1	0.1
还款违约 OID 减数	0.1	0.1
利息强扣 OID 减数	0.2	0.2
还款强扣 OID 减数	0.2	0.2

附表 2-5 贴现规则

贴现期（天）	贴现费用率
30	0.05
60	0.1
90	0.15
120	0.2

附表 2-6 厂房信息表

厂房	厂房 A	厂房 B	厂房 C	厂房 D
生产容量	4	4	4	4
购买价格	200 万元	200 万元	200 万元	200 万元
每年租金	50 万元	50 万元	50 万元	50 万元
出售账期	120 天	120 天	120 天	120 天
折旧时限	0	0	0	0
租金滞纳金	0	0	0	0
违约金比例	0.1	0.1	0.1	0.1
容忍期	30 天	30 天	30 天	30 天
容忍期 OID 减值	0.1	0.1	0.1	0.1

附表 2-7　生产线规则

名称	投资总额	每期投资额	安装期数	安装单期天数	生产周期	生产单期天数	转产单期价格	转产周期	转产单期天数	维修费	残值	折旧时间
手工线	50 万元	50 万元	0	0 天	2	80 天	0	0	0	5 万元/年	5 万元	6 年
自动线	150 万元	50 万元	3	30 天	1	70 天	20 万元	2	15	20 万元/年	15 万元	6 年
柔性线	200 万元	50 万元	4	45 天	1	60 天	0	0	0	20 万元/年	20 万元	6 年

*安装周期为 0，表示即买即用
*计算投资总额时，若安装周期为 0，则按 1 算
*不论何时出售生产线，价格为残值，净值与残值之差计入损失
*只有空闲的生产线方可转产
*建成的生产线满一年需要交维修费
*折旧（平均年限法）：建成满一年计提折旧

附表 2-8　折旧表

生产线	购置费	残值	建成第 1 年	建成第 2 年	建成第 3 年	建成第 4 年	建成第 5 年	建成第 6 年
手工线	50 万元	5 万元	0	7.5 万元	7.5 万元	7.5 万元	7.5 万元	7.5 万元
自动线	150 万元	15 万元	0	22.5 万元	22.5 万元	22.5 万元	22.5 万元	22.5 万元
柔性线	200 万元	20 万元	0	30 万元	30 万元	30 万元	30 万元	30 万元
强制执行 OID 减值		0.1		0.1		0.1		0.1

*紧急情况下可实施厂房贴出售
*厂房租入后，一年后可作租转买、退租等处理，续租系统自动处理

附表 2-9　产品规则

产品规则	P1	P2	P3	P4	P5
需 R1 数量	1	0	1	0	0
需 R2 数量	0	1	0	1	0
需 R3 数量	0	1	1	1	1
需 R4 数量	0	0	1	2	0
需 P1 数量	0	0	0	0	0
需 P2 数量	0	0	0	0	1
需 P3 数量	0	0	0	0	0
需 P4 数量	0	0	0	0	0

附表 2-10 原料订货规则

类型	R1	R2	R3	R4
第一季数量	500	500	500	500
单价	10 万元	10 万元	10 万元	10 万元
到货	30 天	30 天	30 天	30 天
质保期	160 天	160 天	160 天	160 天
应付期	0	0	0	0
到货违约金比例	0.1	0.1	0.1	0.1
到货违约容忍期	20 天	20 天	20 天	20 天

附表 2-11 现货交易规则

类型	R1	R2	R3	R4
市场库存	20	20	20	20
市场回收单价	5 万元	5 万元	5 万元	5 万元
市场出售单价	30 万元	30 万元	39 万元	30 万元
质保期	50 天	50 天	50 天	50 天

类型	P1	P2	P3	P4
市场库存	20	20	20	20
市场回收单价	20 万元	30 万元	40 万元	50 万元
市场出售单价	50 万元	70 万元	90 万元	100 万元

附表 2-12 原料设置表

名称	购买单价（万元）	来源	提前期
R1	10	系统供货商	20 天
R2	10	系统供货商	20 天
R3	10	系统供货商	20 天
R4	10	系统供货商	20 天
R1	10	非系统供货商	20 天
R2	10	非系统供货商	20 天
R3	10	非系统供货商	20 天
R4	10	非系统供货商	20 天

附表 2-13 人员规则

人员	初级工人	中级工人	高级工人
第 0 年基本工资	0	0	0
第 1 年基本工资	0	0	0
第 2 年基本工资	0	0	0
第 3 年基本工资	0	0	0
第 4 年基本工资	0	0	0
第 5 年基本工资	0	0	0
第 6 年基本工资	0	0	0
第 0 年计件工资	4	5	6
第 1 年计件工资	4	5	6
第 2 年计件工资	4	5	6
第 3 年计件工资	4	5	6
第 4 年计件工资	4	5	6
第 5 年计件工资	4	5	6
第 6 年计件工资	4	5	6

附表 2-14 交货规则

项目	本地市场	区域市场	国内市场	亚洲市场	国际市场	原料零售	产品零售
违约金比例	20%	20%	20%	20%	20%	25%	25%
容忍期（天）	30	30	30	30	30	30	30
违约 OID 减值	0.3	0.3	0.3	0.3	0.3	0.3	0.3
失效 OID 减值	0.1	0.1	0.1	0.1	0.1	0.1	0.1
临时订单新增交货期（天）	90	90	90	90	90	0	0
临时订单单价调整率	1.2	1.2	1.2	1.2	1.2	1.2	1.2

附表 2-15 转产规则

生产线	手工线	自动线	柔性线
转产周期（天）	0	2	0
转产单期天数（天）	0	15	0
转产单期价格	0	20 万元	0

附表 2-16 预配规则

生产线	手工线	自动线	柔性线
最少工人总数	3	2	2
最少初级以上工人（人）	3	0	0
最少中级以上工人（人）	0	1	0
最少高级以上工人（人）	0	0	1

附表 2-17 技改规则

生产线	手工线	自动线	柔性线
技改周期	1	1	1
技改单期天数（天）	20	20	20
技改单期价格	30 万元	20 万元	20 万元
技改提升比例	0.25	0.2	0.2
技改次数上限（次）	2	1	1

附表 2-18 扣款规则

费用类型	是否扣除全部 OID	违约金比例	违约容忍期（天）	违约 OID 减数	强扣 OID 减数	是否记录失误
管理费	否	0	30	0	0	是
维修费	否	0	30	0	0	是
折旧费	否	0	30	0	0	是
员工福利	否	0	30	0	0	是
所得税	是	10%	30	10%	10%	是
增值税	否	0	30	0	0	是
附加税	否	0	30	0	0	是

附表 2-19 费用支出规则

类型	计算基数	费用比例	扣减类型	产生条件
管理费	5	100%	现金	每月
维修费	生产线原值	10%	现金	满一年
折旧费	（生产线原值-残值）/折旧年限	0	价值	满一年
员工福利	基本工资	10%	现金	每月
所得税	权益-纳税基数	20%	现金	每年固定日期
增值税	销售额	17%	现金	每月
附加税	增值税	5%	现金	每月

附表 2-20 OID 增值规则

规则类型	范围类型	增值类型	增值
交货无违约	单一市场	固定值	0.2
市场份额	单一市场	计算值	计算
贷款无违约	全部市场	固定值	0.1
付款收货无违约	全部市场	固定值	0.1

附表 2-21　战略广告规则

当年权重	次年权重	第三年权重
0.6	0.3	0.1

附表 2-22　情报规则

价格	跟踪事件	跟踪企业数
0	30	1

附表 2-23　其他说明表

1.紧急采购，付款即到货
2.破产标准：现金断流或权益为负
3.交单可提前，不可推后，违约收回订单
4.违约金扣除——保留两位小数；库存拍卖所得现金——向下取整；贴现费用——保留两位小数；扣税——保留两位小数；长短贷利息——保留两位小数
5.库存折价拍价，生产线变卖，紧急采购，订单违约记入损失
6.委托加工，需要有代工产品的原材料
7.临时交易市场，其他队伍违约的订单会出现在临时交易市场，供其他队伍进行选择；如果自己队伍在该市场订单有违约则无法进行选择订单；选择订单必须已经拥有该市场的资质，否则无法选择订单

附录 3　默认系统规则市场预测表

超级联赛规则二预测

（数量单位：件　　平均单价：万元）

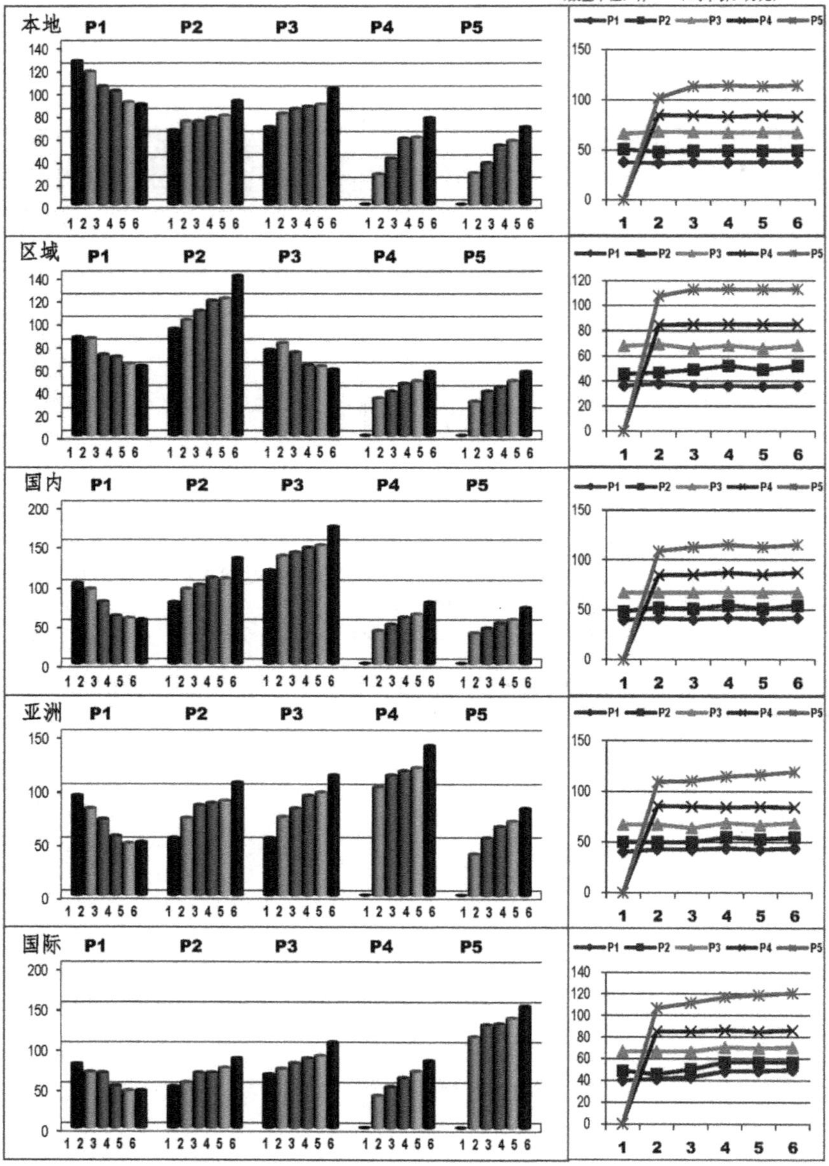

附录 4　分角色学生实训用表

财务管理沙盘实验

（企业约创沙盘：手工+电子版）

学生手册—总经理专用

组　　号：______________

公司名称：______________

院系班级：______________

姓　　名：______________

附表 4-1

业务流程处理（手工+电子）			第一年											
手工流程		系统操作	1	2	3	4	5	6	7	8	9	10	11	12
投放广告	年初5项	输入广告确认												
支付广告费		总经理缴纳												
参加订货会议/登记订单		选单操作												
新市场开拓/ISO 投资		仅年初允许操作												
支付应缴税金		系统自动扣												
季初盘点	1	产品下线，生产线完工												
支付长贷利息	2	财务手动处理												
更新长贷/长贷还款	3	财务手动处理												
申请长贷	4	输入金额并确定												
更新短贷/短贷还本付息	5	财务手动处理												
申请短贷	6	输入金额并确定												
原料入库/更新原料订单	7	需要确认金额												
下原料订单	8	输入并确认												
购买/租用厂房	9	选择并确认，自动扣现金												
更新生产/完工入库	10	生产总监手动处理												
新建/在建/转产/变卖生产线	11	选择并确认												
紧急采购（随时）	12	随时输入并确认												
开始下一批生产	13	输入并确认												
更新应收款/应收款收现	14	需要输入到期金额												
按订单交货	15	选择订单确认												
产品研发投资	16	选择并确认												
售厂房/买转租/退租/租转买	17	选择并确认，自动转应收												
支付管理费/更新厂房租金	18	财务总监缴纳												
出售库存（随时）	19	输入并确认												
厂房贴现（随时）	20	随时进行												
应收款贴现（随时）	21	输入并确认												
季末收入总计	22													
季末支出总计	23													
季末对账（1+20-21）	24													
缴纳违约订单罚款	25	系统自动处理												
支付设备维护费	26	财务手动处理												
计提折旧	27	财务手动处理												
新市场/ISO 换证	年末	系统自动处理												
结账														

附表 4-1（续）

业务流程处理（手工+电子）			第二年											
手工流程		系统操作	1	2	3	4	5	6	7	8	9	10	11	12
提交广告方案	年初5项	输入广告确认												
支付广告费		总经理缴纳												
参加订货会竞单/登记订单		选单操作												
新市场开拓/ISO 投资		仅年初允许操作												
支付应缴税金		系统自动扣												
季初现金盘点	1	产品下线，生产线完工												
支付长贷利息	2	财务总监缴纳												
更新长贷/长贷还款	3	财务总监缴纳												
申请长贷	4	输入金额并确定												
更新短贷/短贷还本付息	5	财务总监缴纳												
申请短贷	6	输入金额并确定												
原料入库/更新原料订单	7	需确认金额												
下原料订单	8	输入并确认												
购买/租用厂房	9	选择确认，自动扣现金												
更新生产/完工入库	10	生产总监处理												
新建/在建/转产/变卖生产线	11	选择确认												
紧急采购（随时）	12	输入并确认												
开始下一批生产	13	输入并确认												
更新应收款/应收款收现	14	需输入到期金额												
按订单交货	15	选择订单确认												
产品研发投资	16	选择确认												
售厂房/买转租/退租/租转买	17	选择确认，自动转应收												
支付管理费/更新厂房租金	18	财务总监缴纳												
出售库存（随时）	19	输入并确认												
厂房贴现（随时）	20	选择确认												
应收款贴现（随时）	21	输入并确认												
季末收入总计	22													
季末支出总计	23													
季末对账（1+20−21）	24													
缴纳违约订单罚款	25	财务总监缴纳												
支付设备维护费	26	财务总监缴纳												
计提折旧	27	财务总监缴纳												
新市场/ISO 换证	年末	系统自动处理												
结账														

附表 4-1（续）

业务流程处理（手工+电子）			第三年											
手工流程		系统操作	1	2	3	4	5	6	7	8	9	10	11	12
提交广告方案	年初5项	输入广告确认												
支付广告费		总经理缴纳												
参加订货会竞单/登记订单		选单操作												
新市场开拓/ISO 投资		仅年初允许操作												
支付应缴税金		系统自动扣												
季初现金盘点	1	产品下线，生产线完工												
支付长贷利息	2	财务总监缴纳												
更新长贷/长贷还款	3	财务总监缴纳												
申请长贷	4	输入金额并确定												
更新短贷/短贷还本付息	5	财务总监缴纳												
申请短贷	6	输入金额并确定												
原料入库/更新原料订单	7	需确认金额												
下原料订单	8	输入并确认												
购买/租用厂房	9	选择确认，自动扣现金												
更新生产/完工入库	10	生产总监处理												
新建/在建/转产/变卖生产线	11	选择确认												
紧急采购（随时）	12	输入并确认												
开始下一批生产	13	输入并确认												
更新应收款/应收款收现	14	需输入到期金额												
按订单交货	15	选择订单确认												
产品研发投资	16	选择确认												
售厂房/买转租/退租/租转买	17	选择确认，自动转应收												
支付管理费/更新厂房租金	18	财务总监缴纳												
出售库存（随时）	19	输入并确认												
厂房贴现（随时）	20	选择确认												
应收款贴现（随时）	21	输入并确认												
季末收入总计	22													
季末支出总计	23													
季末对账（1+20–21）	24													
缴纳违约订单罚款	25	财务总监缴纳												
支付设备维护费	26	财务总监缴纳												
计提折旧	27	财务总监缴纳												
新市场/ISO 换证	年末	系统自动处理												
结账														

附表 4-1（续）

业务流程处理（手工+电子）			第四年											
手工流程		系统操作	1	2	3	4	5	6	7	8	9	10	11	12
提交广告方案	年初5项	输入广告确认												
支付广告费		总经理缴纳												
参加订货会竞单/登记订单		选单操作												
新市场开拓/ISO 投资		仅年初允许操作												
支付应缴税金		系统自动扣												
季初现金盘点	1	产品下线，生产线完工												
支付长贷利息	2	财务总监缴纳												
更新长贷/长贷还款	3	财务总监缴纳												
申请长贷	4	输入金额并确定												
更新短贷/短贷还本付息	5	财务总监缴纳												
申请短贷	6	输入金额并确定												
原料入库/更新原料订单	7	需确认金额												
下原料订单	8	输入并确认												
购买/租用厂房	9	选择确认，自动扣现金												
更新生产/完工入库	10	生产总监处理												
新建/在建/转产/变卖生产线	11	选择确认												
紧急采购（随时）	12	输入并确认												
开始下一批生产	13	输入并确认												
更新应收款/应收款收现	14	需输入到期金额												
按订单交货	15	选择订单确认												
产品研发投资	16	选择确认												
售厂房/买转租/退租/租转买	17	选择确认，自动转应收												
支付管理费/更新厂房租金	18	财务总监缴纳												
出售库存（随时）	19	输入并确认												
厂房贴现（随时）	20	选择确认												
应收款贴现（随时）	21	输入并确认												
季末收入总计	22													
季末支出总计	23													
季末对账（1+20−21）	24													
缴纳违约订单罚款	25	财务总监缴纳												
支付设备维护费	26	财务总监缴纳												
计提折旧	27	财务总监缴纳												
新市场/ISO 换证	年末	系统自动处理												
结账														

附表 4-1（续）

业务流程处理（手工+电子）			第五年											
手工流程		系统操作	1	2	3	4	5	6	7	8	9	10	11	12
提交广告方案	年初5项	输入广告确认												
支付广告费		总经理缴纳												
参加订货会竞单/登记订单		选单操作												
新市场开拓/ISO 投资		仅年初允许操作												
支付应缴税金		系统自动扣												
季初现金盘点	1	产品下线，生产线完工												
支付长贷利息	2	财务总监缴纳												
更新长贷/长贷还款	3	财务总监缴纳												
申请长贷	4	输入金额并确定												
更新短贷/短贷还本付息	5	财务总监缴纳												
申请短贷	6	输入金额并确定												
原料入库/更新原料订单	7	需确认金额												
下原料订单	8	输入并确认												
购买/租用厂房	9	选择确认，自动扣现金												
更新生产/完工入库	10	生产总监处理												
新建/在建/转产/变卖生产线	11	选择确认												
紧急采购（随时）	12	输入并确认												
开始下一批生产	13	输入并确认												
更新应收款/应收款收现	14	需输入到期金额												
按订单交货	15	选择订单确认												
产品研发投资	16	选择确认												
售厂房/买转租/退租/租转买	17	选择确认，自动转应收												
支付管理费/更新厂房租金	18	财务总监缴纳												
出售库存（随时）	19	输入并确认												
厂房贴现（随时）	20	选择确认												
应收款贴现（随时）	21	输入并确认												
季末收入总计	22													
季末支出总计	23													
季末对账（1+20−21）	24													
缴纳违约订单罚款	25	财务总监缴纳												
支付设备维护费	26	财务总监缴纳												
计提折旧	27	财务总监缴纳												
新市场/ISO 换证	年末	系统自动处理												
结账														

附表 4-1（续）

业务流程处理（手工+电子）			第六年											
手工流程		系统操作	1	2	3	4	5	6	7	8	9	10	11	12
提交广告方案	年初5项	输入广告确认												
支付广告费		总经理缴纳												
参加订货会竞单/登记订单		选单操作												
新市场开拓/ISO 投资		仅年初允许操作												
支付应缴税金		系统自动扣												
季初现金盘点	1	产品下线，生产线完工												
支付长贷利息	2	财务总监缴纳												
更新长贷/长贷还款	3	财务总监缴纳												
申请长贷	4	输入金额并确定												
更新短贷/短贷还本付息	5	财务总监缴纳												
申请短贷	6	输入金额并确定												
原料入库/更新原料订单	7	需确认金额												
下原料订单	8	输入并确认												
购买/租用厂房	9	选择确认，自动扣现金												
更新生产/完工入库	10	生产总监处理												
新建/在建/转产/变卖生产线	11	选择确认												
紧急采购（随时）	12	输入并确认												
开始下一批生产	13	输入并确认												
更新应收款/应收款收现	14	需输入到期金额												
按订单交货	15	选择订单确认												
产品研发投资	16	选择确认												
售厂房/买转租/退租/租转买	17	选择确认，自动转应收												
支付管理费/更新厂房租金	18	财务总监缴纳												
出售库存（随时）	19	输入并确认												
厂房贴现（随时）	20	选择确认												
应收款贴现（随时）	21	输入并确认												
季末收入总计	22													
季末支出总计	23													
季末对账（1+20−21）	24													
缴纳违约订单罚款	25	财务总监缴纳												
支付设备维护费	26	财务总监缴纳												
计提折旧	27	财务总监缴纳												
新市场/ISO 换证	年末	系统自动处理												
结账														

附表 4-2 企业战略规划表[①]

企业的宗旨与使命
企业的经营战略
企业 6 年经营目标与发展方向
1.
2.
3.
4.
5.
6.

① 填表说明：此表为企业战略规划用表，在总经理带领下完成，作为企业各年度经营计划的指导性文件。

附表 4-3 年度计划会议①

项目	第一年	第二年	第三年	第四年	第五年	第六年
原材料产品销售广告						
生产能力						
财务融资						
管理现状						

① 填表说明：此表为企业年度经营规划用表，在总经理带领下完成，由各职能部门召开年度会议讨论后确定。

财务管理沙盘实验

（企业约创沙盘：手工+电子版）

学生手册—财务总监专用

组　　号：____________________

公司名称：____________________

院系班级：____________________

姓　　名：____________________

附表 4-4　资金预算表

项目	第一年											
	月份											
	1	2	3	4	5	6	7	8	9	10	11	12
期初库存现金												
贴现收入												
支付上年应交税												
促销/战略广告投入												
长贷本息支付												
支付到期短贷本息												
申请长贷												
原料采购现金												
申请短贷												
厂房租买												
生产线（新建/在建/转/买）												
工人工资（下一批生产）												
应收款收现												
产品研发												
支付管理费及厂房续租												
市场、ISO 开发												
设备维护费												
违约罚款												
其他												
库存现金余额												

附表 4-4（续）

项目	第二年											
	月份											
	1	2	3	4	5	6	7	8	9	10	11	12
期初库存现金												
贴现收入												
支付上年应交税												
促销/战略广告投入												
长贷本息支付												
支付到期短贷本息												
申请长贷												
原料采购现金												
申请短贷												
厂房租买												
生产线（新建/在建/转/买）												
工人工资（下一批生产）												
应收款收现												
产品研发												
支付管理费及厂房续租												
市场、ISO 开发												
设备维护费												
违约罚款												
其他												
库存现金余额												

附表 4-4（续）

项目	第三年											
	月份											
	1	2	3	4	5	6	7	8	9	10	11	12
期初库存现金												
贴现收入												
支付上年应交税												
促销/战略广告投入												
长贷本息支付												
支付到期短贷本息												
申请长贷												
原料采购现金												
申请短贷												
厂房租买												
生产线（新建/在建/转/买）												
工人工资（下一批生产）												
应收款收现												
产品研发												
支付管理费及厂房续租												
市场、ISO 开发												
设备维护费												
违约罚款												
其他												
库存现金余额												

附表 4-4（续）

项目	第四年											
	月份											
	1	2	3	4	5	6	7	8	9	10	11	12
期初库存现金												
贴现收入												
支付上年应交税												
促销/战略广告投入												
长贷本息支付												
支付到期短贷本息												
申请长贷												
原料采购现金												
申请短贷												
厂房租买												
生产线（新建/在建/转/买）												
工人工资（下一批生产）												
应收款收现												
产品研发												
支付管理费及厂房续租												
市场、ISO 开发												
设备维护费												
违约罚款												
其他												
库存现金余额												

附表 4-4（续）

项目	第五年											
	月份											
	1	2	3	4	5	6	7	8	9	10	11	12
期初库存现金												
贴现收入												
支付上年应交税												
促销/战略广告投入												
长贷本息支付												
支付到期短贷本息												
申请长贷												
原料采购现金												
申请短贷												
厂房租买												
生产线（新建/在建/转/买）												
工人工资（下一批生产）												
应收款收现												
产品研发												
支付管理费及厂房续租												
市场、ISO 开发												
设备维护费												
违约罚款												
其他												
库存现金余额												

附表 4-4（续）

项目	第六年											
	月份											
	1	2	3	4	5	6	7	8	9	10	11	12
期初库存现金												
贴现收入												
支付上年应交税												
促销/战略广告投入												
长贷本息支付												
支付到期短贷本息												
申请长贷												
原料采购现金												
申请短贷												
厂房租买												
生产线（新建/在建/转/买）												
工人工资（下一批生产）												
应收款收现												
产品研发												
支付管理费及厂房续租												
市场、ISO 开发												
设备维护费												
违约罚款												
其他												
库存现金余额												

附表 4-5　应收账款登记表

款类＼月份		第一年											
		1	2	3	4	5	6	7	8	9	10	11	12
应收期													
到款													
贴现													
贴现费													

附表 4-5（续）

款类＼月份		第二年											
		1	2	3	4	5	6	7	8	9	10	11	12
应收期													
到款													
贴现													
贴现费													

附表 4-5（续）

款类＼月份		第三年											
		1	2	3	4	5	6	7	8	9	10	11	12
应收期													
到款													
贴现													
贴现费													

附表 4-5（续）

款类 \ 月份		第四年											
		1	2	3	4	5	6	7	8	9	10	11	12
应收期													
到款													
贴现													
贴现费													

附表 4-5（续）

款类 \ 月份		第五年											
		1	2	3	4	5	6	7	8	9	10	11	12
应收期													
到款													
贴现													
贴现费													

附表 4-5（续）

款类＼月份		第六年											
		1	2	3	4	5	6	7	8	9	10	11	12
应收期													
到款													
贴现													
贴现费													

附表 4-6　实训用表 1

第一年	________组														
	手工流程	1	2	3	4	5	6	7	8	9	10	11	12	系统操作
年初5项	新年度规划会议													
	广告投放													输入广告确认
	参加订货会议/登记订单													选单
	支付应付税款													系统自动处理
	新市场开拓/ISO 投资													仅年初允许操作
1	支付长贷利息													财务手动处理
2	更新长贷/长贷还款													财务手动处理
3	申请长贷													输入贷款数额并确定
4	季初盘点													产品下线，生产线完工
5	更新短贷/短贷还本付息													财务手动处理
6	申请短贷													输入贷款数额并确定
7	原材料入库/更新原料订单													需要确认金额
8	下原料订单													输入并确认
9	购买/租用厂房													选择并确认，自动扣现金
10	更新生产/完工入库													生产总监手动处理
11	新建/在建/转产/变卖生产线													选择并确认
12	紧急采购（随时）													随时进行输入并确认
13	开始下一批生产													选择并确认
14	更新应收款/应收款收现													需要输入到期金额
15	按订单交货													选择交货订单确认
16	产品研发投资													选择并确认
17	厂房出售（买转租）/退租/租转买													选择并确认，自动转应收款
18	支付管理费/更新厂房租金													财务/总经理手动处理
19	出售库存													输入并确认（随时进行）
20	厂房贴现													随时进行
21	应收款贴现													输入并确认（随时进行）
22	其他支出													信息费等
23	季末收入合计													
24	季末支出合计													
25	季末对账（1＋21−22）													
26	缴纳违约订单罚款													系统自动处理
27	支付设备维护费													财务手动处理
28	计提折旧													财务手动处理
年末	新市场/ISO 换证													系统自动处理
	结账													

附表 4-7

订单登记表											
订单号											合计
市场											
产品											
数量											
账期											
交货期											
销售额											
成本											
毛利											

附表 4-8

产品核算统计表					
项目	P1	P2	P3	P4	合计
数量					
销售额					
成本					
毛利					

附表 4-9

财务报表			
资金项目	**金额**	**资金项目**	**金额**
管理费		违约罚金合计	
设备维修费		现金余额	
转产及技改费		应收账款	
工资及福利		应付账款	
培训费		长期贷款	
财务费用		短期贷款	
本年计提折旧		股东资本	
所得税			

附表 4-10

综合管理费用明细表　　单位：万元		
项　目	金　额	备　注
管理费		
广告费		
维护费		
损失		
转产费		
租　金		
市场开拓费		□本地　□区域　□国内　□亚洲　□国际
产品研发费		P1（　）　P2（　）　P3（　）　P4（　）
ISO 认证费		□ISO 9000　□ISO 14000
信息费		
合计		

附表 4-11

利润表 单位：万元		
项目	期初数	期末数
销售收入		
直接成本		
毛利		
综合费用		
折旧前利润		
折旧		
支付利息前利润		
财务费用		
营业外收支		
税前利润		
所得税		
净利润		

附表 4-12

资产负债表 单位：万元					
项目	年初数	期末数	项目	年初数	期末数
现金			长期负债		
应收款			短期负债		
在制品			应付款		
产成品			应交税金		
原材料					
流动资产合计			**负债合计**		
土地和建筑			股东资本		
机器与设备			利润留存		
在建工程			本年利润		
固定资产合计			权益合计		
资产总计			**负债+所有者权益总计**		

附表 4-13 实训用表 2

第二年 ________组															
	手工流程	1	2	3	4	5	6	7	8	9	10	11	12	系统操作
年初5项	新年度规划会议													
	广告投放													输入广告确认
	参加订货会议/登记订单													选单
	支付应付税款													系统自动处理
	新市场开拓/ISO 投资													仅年初允许操作
1	支付长贷利息													财务手动处理
2	更新长贷/长贷还款													财务手动处理
3	申请长贷													输入贷款数额并确定
4	季初盘点													产品下线，生产线完工
5	更新短贷/短贷还本付息													财务手动处理
6	申请短贷													输入贷款数额并确定
7	原材料入库/更新原料订单													需要确认金额
8	下原料订单													输入并确认
9	购买/租用厂房													选择并确认，自动扣现金
10	更新生产/完工入库													生产总监手动处理
11	新建/在建/转产/变卖生产线													选择并确认
12	紧急采购（随时）													随时进行输入并确认
13	开始下一批生产													选择并确认
14	更新应收款/应收款收现													需要输入到期金额
15	按订单交货													选择交货订单确认
16	产品研发投资													选择并确认
17	厂房出售（买转租）/退租/租转买													选择并确认，自动转应收款
18	支付管理费/更新厂房租金													财务/总经理手动处理
19	出售库存													输入并确认（随时进行）
20	厂房贴现													随时进行
21	应收款贴现													输入并确认（随时进行）
22	其他支出													信息费等
23	季末收入合计													
24	季末支出合计													
25	季末对账（1+21-22）													
26	缴纳违约订单罚款													系统自动处理
27	支付设备维护费													财务手动处理
28	计提折旧													财务手动处理
年末	新市场/ISO 换证													系统自动处理
	结账													

附表 4-14

订单登记表

订单号											合计
市场											
产品											
数量											
账期											
交货期											
销售额											
成本											
毛利											

附表 4-15

产品核算统计表

项目	P1	P2	P3	P4	合计
数量					
销售额					
成本					
毛利					

附表 4-16

财务报表			
资金项目	金额	资金项目	金额
管理费		违约罚金合计	
设备维修费		现金余额	
转产及技改费		应收账款	
工资及福利		应付账款	
培训费		长期贷款	
财务费用		短期贷款	
本年计提折旧		股东资本	
所得税			

附表 4-17

综合管理费用明细表　单位：万元		
项　目	金　额	备　注
管理费		
广告费		
维护费		
损失		
转产费		
租　金		
市场开拓费		□本地　□区域　□国内　□亚洲　□国际
产品研发费		P1（　）　P2（　）　P3（　）　P4（　）
ISO 认证费		□ISO 9000　□ISO 14000
信息费		
合计		

附表 4-18

利润表 单位：万元		
项目	期初数	期末数
销售收入		
直接成本		
毛利		
综合费用		
折旧前利润		
折旧		
支付利息前利润		
财务费用		
营业外收支		
税前利润		
所得税		
净利润		

附表 4-19

资产负债表 单位：万元					
项目	年初数	期末数	项目	年初数	期末数
现金			长期负债		
应收款			短期负债		
在制品			应付款		
产成品			应交税金		
原材料					
流动资产合计			**负债合计**		
土地和建筑			股东资本		
机器与设备			利润留存		
在建工程			本年利润		
固定资产合计			权益合计		
资产总计			**负债+所有者权益总计**		

附表 4-20　实训用表 3

第三年		________组											
	手工流程	1	2	3	4	5	6	7	8	9	10	11	12	系统操作
年初5项	新年度规划会议													
	广告投放													输入广告确认
	参加订货会议/登记订单													选单
	支付应付税款													系统自动处理
	新市场开拓/ISO 投资													仅年初允许操作
1	支付长贷利息													财务手动处理
2	更新长贷/长贷还款													财务手动处理
3	申请长贷													输入贷款数额并确定
4	季初盘点													产品下线，生产线完工
5	更新短贷/短贷还本付息													财务手动处理
6	申请短贷													输入贷款数额并确定
7	原材料入库/更新原料订单													需要确认金额
8	下原料订单													输入并确认
9	购买/租用厂房													选择并确认，自动扣现金
10	更新生产/完工入库													生产总监手动处理
11	新建/在建/转产/变卖生产线													选择并确认
12	紧急采购（随时）													随时进行输入并确认
13	开始下一批生产													选择并确认
14	更新应收款/应收款收现													需要输入到期金额
15	按订单交货													选择交货订单确认
16	产品研发投资													选择并确认
17	厂房出售（买转租）/退租/租转买													选择并确认，自动转应收款
18	支付管理费/更新厂房租金													财务/总经理手动处理
19	出售库存													输入并确认（随时进行）
20	厂房贴现													随时进行
21	应收款贴现													输入并确认（随时进行）
22	其他支出													信息费等
23	季末收入合计													
24	季末支出合计													
25	季末对账（1+21-22）													
26	缴纳违约订单罚款													系统自动处理
27	支付设备维护费													财务手动处理
28	计提折旧													财务手动处理
年末	新市场/ISO 换证													系统自动处理
	结账													

附表 4-21

订单登记表

订单号	市场	产品	数量	账期	交货期	销售额	成本	毛利
合计								

附表 4-22

产品核算统计表

项目	数量	销售额	成本	毛利
P1				
P2				
P3				
P4				
合计				

附表 4-23

财务报表			
资金项目	金额	资金项目	金额
管理费		违约罚金合计	
设备维修费		现金余额	
转产及技改费		应收账款	
工资及福利		应付账款	
培训费		长期贷款	
财务费用		短期贷款	
本年计提折旧		股东资本	
所得税			

附表 4-24

综合管理费用明细表 单位：万元		
项 目	金 额	备 注
管理费		
广告费		
维护费		
损失		
转产费		
租 金		
市场开拓费		□本地 □区域 □国内 □亚洲 □国际
产品研发费		P1（ ） P2（ ） P3（ ） P4（ ）
ISO 认证费		□ISO 9000 □ISO 14000
信息费		
合计		

附表 4-25

利润表　　单位：万元		
项目	**期初数**	**期末数**
销售收入		
直接成本		
毛利		
综合费用		
折旧前利润		
折旧		
支付利息前利润		
财务费用		
营业外收支		
税前利润		
所得税		
净利润		

附表 4-26

资产负债表　　单位：万元					
项目	**年初数**	**期末数**	**项目**	**年初数**	**期末数**
现金			长期负债		
应收款			短期负债		
在制品			应付款		
产成品			应交税金		
原材料					
流动资产合计			**负债合计**		
土地和建筑			股东资本		
机器与设备			利润留存		
在建工程			本年利润		
固定资产合计			权益合计		
资产总计			**负债+所有者权益总计**		

附表 4-27　实训用表 4

第四年								________组						
	手工流程	1	2	3	4	5	6	7	8	9	10	11	12	系统操作
年初5项	新年度规划会议													
	广告投放													输入广告确认
	参加订货会议/登记订单													选单
	支付应付税款													系统自动处理
	新市场开拓/ISO 投资													仅年初允许操作
1	支付长贷利息													财务手动处理
2	更新长贷/长贷还款													财务手动处理
3	申请长贷													输入贷款数额并确定
4	季初盘点													产品下线，生产线完工
5	更新短贷/短贷还本付息													财务手动处理
6	申请短贷													输入贷款数额并确定
7	原材料入库/更新原料订单													需要确认金额
8	下原料订单													输入并确认
9	购买/租用厂房													选择并确认，自动扣现金
10	更新生产/完工入库													生产总监手动处理
11	新建/在建/转产/变卖生产线													选择并确认
12	紧急采购（随时）													随时进行输入并确认
13	开始下一批生产													选择并确认
14	更新应收款/应收款收现													需要输入到期金额
15	按订单交货													选择交货订单确认
16	产品研发投资													选择并确认
17	厂房出售（买转租）/退租/租转买													选择并确认，自动转应收款
18	支付管理费/更新厂房租金													财务/总经理手动处理
19	出售库存													输入并确认（随时进行）
20	厂房贴现													随时进行
21	应收款贴现													输入并确认（随时进行）
22	其他支出													信息费等
23	季末收入合计													
24	季末支出合计													
25	季末对账（1+21-22）													
26	缴纳违约订单罚款													系统自动处理
27	支付设备维护费													财务手动处理
28	计提折旧													财务手动处理
年末	新市场/ISO 换证													系统自动处理
	结账													

附表 4-28

订单登记表

订单号											合计
市场											
产品											
数量											
账期											
交货期											
销售额											
成本											
毛利											

附表 4-29

产品核算统计表

项目	P1	P2	P3	P4	合计
数量					
销售额					
成本					
毛利					

附表 4-30

财务报表			
资金项目	**金额**	**资金项目**	**金额**
管理费		违约罚金合计	
设备维修费		现金余额	
转产及技改费		应收账款	
工资及福利		应付账款	
培训费		长期贷款	
财务费用		短期贷款	
本年计提折旧		股东资本	
所得税			

附表 4-31

综合管理费用明细表　单位：万元		
项　目	金　额	备　注
管理费		
广告费		
维护费		
损失		
转产费		
租　金		
市场开拓费		□本地　□区域　□国内　□亚洲　□国际
产品研发费		P1（　）　P2（　）　P3（　）　P4（　）
ISO 认证费		□ISO 9000　□ISO 14000
信息费		
合计		

附表 4-32

利润表 单位：万元		
项目	**期初数**	**期末数**
销售收入		
直接成本		
毛利		
综合费用		
折旧前利润		
折旧		
支付利息前利润		
财务费用		
营业外收支		
税前利润		
所得税		
净利润		

附表 4-33

资产负债表 单位：万元					
项目	**年初数**	**期末数**	**项目**	**年初数**	**期末数**
现金			长期负债		
应收款			短期负债		
在制品			应付款		
产成品			应交税金		
原材料					
流动资产合计			**负债合计**		
土地和建筑			股东资本		
机器与设备			利润留存		
在建工程			本年利润		
固定资产合计			权益合计		
资产总计			**负债+所有者权益总计**		

附表 4-34　实训用表 5

第五年														________组
	手工流程	1	2	3	4	5	6	7	8	9	10	11	12	系统操作
年初5项	新年度规划会议													
	广告投放													输入广告确认
	参加订货会议/登记订单													选单
	支付应付税款													系统自动处理
	新市场开拓/ISO 投资													仅年初允许操作
1	支付长贷利息													财务手动处理
2	更新长贷/长贷还款													财务手动处理
3	申请长贷													输入贷款数额并确定
4	季初盘点													产品下线，生产线完工
5	更新短贷/短贷还本付息													财务手动处理
6	申请短贷													输入贷款数额并确定
7	原材料入库/更新原料订单													需要确认金额
8	下原料订单													输入并确认
9	购买/租用厂房													选择并确认，自动扣现金
10	更新生产/完工入库													生产总监手动处理
11	新建/在建/转产/变卖生产线													选择并确认
12	紧急采购（随时）													随时进行输入并确认
13	开始下一批生产													选择并确认
14	更新应收款/应收款收现													需要输入到期金额
15	按订单交货													选择交货订单确认
16	产品研发投资													选择并确认
17	厂房出售（买转租）/退租/租转买													选择并确认，自动转应收款
18	支付管理费/更新厂房租金													财务/总经理手动处理
19	出售库存													输入并确认（随时进行）
20	厂房贴现													随时进行
21	应收款贴现													输入并确认（随时进行）
22	其他支出													信息费等
23	季末收入合计													
24	季末支出合计													
25	季末对账（1+21-22）													
26	缴纳违约订单罚款													系统自动处理
27	支付设备维护费													财务手动处理
28	计提折旧													财务手动处理
年末	新市场/ISO 换证													系统自动处理
	结账													

附表 4-35

订单登记表

订单号											合计
市场											
产品											
数量											
账期											
交货期											
销售额											
成本											
毛利											

附表 4-36

产品核算统计表

项目	P1	P2	P3	P4	合计
数量					
销售额					
成本					
毛利					

附表 4-37

财务报表			
资金项目	**金额**	**资金项目**	**金额**
管理费		违约罚金合计	
设备维修费		现金余额	
转产及技改费		应收账款	
工资及福利		应付账款	
培训费		长期贷款	
财务费用		短期贷款	
本年计提折旧		股东资本	
所得税			

附表 4-38

综合管理费用明细表　单位：万元		
项　目	金　额	备　注
管理费		
广告费		
维护费		
损失		
转产费		
租　金		
市场开拓费		□本地　□区域　□国内　□亚洲　□国际
产品研发费		P1（　）　P2（　）　P3（　）　P4（　）
ISO 认证费		□ISO 9000　□ISO 14000
信息费		
合计		

附表 4-39

利润表 单位：万元		
项目	期初数	期末数
销售收入		
直接成本		
毛利		
综合费用		
折旧前利润		
折旧		
支付利息前利润		
财务费用		
营业外收支		
税前利润		
所得税		
净利润		

附表 4-40

资产负债表 单位：万元					
项目	年初数	期末数	项目	年初数	期末数
现金			长期负债		
应收款			短期负债		
在制品			应付款		
产成品			应交税金		
原材料					
流动资产合计			**负债合计**		
土地和建筑			股东资本		
机器与设备			利润留存		
在建工程			本年利润		
固定资产合计			权益合计		
资产总计			**负债+所有者权益总计**		

附表 4-41　实训用表 6

第六年　　　　　　　　______组														
	手工流程	1	2	3	4	5	6	7	8	9	10	11	12	系统操作
年初5项	新年度规划会议													
	广告投放													输入广告确认
	参加订货会议/登记订单													选单
	支付应付税款													系统自动处理
	新市场开拓/ISO 投资													仅年初允许操作
1	支付长贷利息													财务手动处理
2	更新长贷/长贷还款													财务手动处理
3	申请长贷													输入贷款数额并确定
4	季初盘点													产品下线，生产线完工
5	更新短贷/短贷还本付息													财务手动处理
6	申请短贷													输入贷款数额并确定
7	原材料入库/更新原料订单													需要确认金额
8	下原料订单													输入并确认
9	购买/租用厂房													选择并确认，自动扣现金
10	更新生产/完工入库													生产总监手动处理
11	新建/在建/转产/变卖生产线													选择并确认
12	紧急采购（随时）													随时进行输入并确认
13	开始下一批生产													选择并确认
14	更新应收款/应收款收现													需要输入到期金额
15	按订单交货													选择交货订单确认
16	产品研发投资													选择并确认
17	厂房出售（买转租）/退租/租转买													选择并确认，自动转应收款
18	支付管理费/更新厂房租金													财务/总经理手动处理
19	出售库存													输入并确认（随时进行）
20	厂房贴现													随时进行
21	应收款贴现													输入并确认（随时进行）
22	其他支出													信息费等
23	季末收入合计													
24	季末支出合计													
25	季末对账（1+21-22）													
26	缴纳违约订单罚款													系统自动处理
27	支付设备维护费													财务手动处理
28	计提折旧													财务手动处理
年末	新市场/ISO 换证													系统自动处理
	结账													

附表 4-42

订单登记表

订单号											合计
市场											
产品											
数量											
账期											
交货期											
销售额											
成本											
毛利											

附表 4-43

产品核算统计表

项目	P1	P2	P3	P4	合计
数量					
销售额					
成本					
毛利					

附表 4-44

财务报表			
资金项目	**金额**	**资金项目**	**金额**
管理费		违约罚金合计	
设备维修费		现金余额	
转产及技改费		应收账款	
工资及福利		应付账款	
培训费		长期贷款	
财务费用		短期贷款	
本年计提折旧		股东资本	
所得税			

附表 4-45

综合管理费用明细表　　单位：万元		
项　目	金　额	备　注
管理费		
广告费		
维护费		
损失		
转产费		
租　金		
市场开拓费		□本地　□区域　□国内　□亚洲　□国际
产品研发费		P1（　）P2（　）P3（　）P4（　）
ISO 认证费		□ISO 9000　□ISO 14000
信息费		
合计		

附表 4-46

利润表 单位：万元		
项目	**期初数**	**期末数**
销售收入		
直接成本		
毛利		
综合费用		
折旧前利润		
折旧		
支付利息前利润		
财务费用		
营业外收支		
税前利润		
所得税		
净利润		

附表 4-47

资产负债表 单位：万元					
项目	**年初数**	**期末数**	**项目**	**年初数**	**期末数**
现金			长期负债		
应收款			短期负债		
在制品			应付款		
产成品			应交税金		
原材料					
流动资产合计			**负债合计**		
土地和建筑			股东资本		
机器与设备			利润留存		
在建工程			本年利润		
固定资产合计			权益合计		
资产总计			**负债+所有者权益总计**		

财务管理沙盘实验

（企业商战沙盘：手工+电子版）

学生手册—销售部经理专用

组　　号：____________________

公司名称：____________________

院系班级：____________________

姓　　名：____________________

附表 4-48

第一年（本地）				（区域）				（国内）				（亚洲）				（国际）			
产品	广告	9000	14000	产品	广告	9000	14000	产品	广告	9000	14000	产品	广告	9000	14000	产品	广告	9000	14000
P1				P1				P1				P1				P1			
P2				P2				P2				P2				P2			
P3				P3				P3				P3				P3			
P4				P4				P4				P4				P4			
P5				P5				P5				P5				P5			

第二年（本地）				（区域）				（国内）				（亚洲）				（国际）			
产品	广告	9000	14000	产品	广告	9000	14000	产品	广告	9000	14000	产品	广告	9000	14000	产品	广告	9000	14000
P1				P1				P1				P1				P1			
P2				P2				P2				P2				P2			
P3				P3				P3				P3				P3			
P4				P4				P4				P4				P4			
P5				P5				P5				P5				P5			

第三年（本地）				（区域）				（国内）				（亚洲）				（国际）			
产品	广告	9000	14000	产品	广告	9000	14000	产品	广告	9000	14000	产品	广告	9000	14000	产品	广告	9000	14000
P1				P1				P1				P1				P1			
P2				P2				P2				P2				P2			
P3				P3				P3				P3				P3			
P4				P4				P4				P4				P4			
P5				P5				P5				P5				P5			

附表 4-48（续）

第四年（本地）				（区域）				（国内）				（亚洲）				（国际）			
产品	广告	9000	14000	产品	广告	9000	14000	产品	广告	9000	14000	产品	广告	9000	14000	产品	广告	9000	14000
P1				P1				P1				P1				P1			
P2				P2				P2				P2				P2			
P3				P3				P3				P3				P3			
P4				P4				P4				P4				P4			
P5				P5				P5				P5				P5			

第五年（本地）				（区域）				（国内）				（亚洲）				（国际）			
产品	广告	9000	14000	产品	广告	9000	14000	产品	广告	9000	14000	产品	广告	9000	14000	产品	广告	9000	14000
P1				P1				P1				P1				P1			
P2				P2				P2				P2				P2			
P3				P3				P3				P3				P3			
P4				P4				P4				P4				P4			
P5				P5				P5				P5				P5			

第六年（本地）				（区域）				（国内）				（亚洲）				（国际）			
产品	广告	9000	14000	产品	广告	9000	14000	产品	广告	9000	14000	产品	广告	9000	14000	产品	广告	9000	14000
P1				P1				P1				P1				P1			
P2				P2				P2				P2				P2			
P3				P3				P3				P3				P3			
P4				P4				P4				P4				P4			
P5				P5				P5				P5				P5			

附表 4-49

款类 \ 月份		一年											
		1	2	3	4	5	6	7	8	9	10	11	12
应收期													
到款													
贴现													
贴现费													

款类 \ 月份		二年											
		1	2	3	4	5	6	7	8	9	10	11	12
应收期													
到款													
贴现													
贴现费													

附表 4-49（续）

款类＼月份		三年											
		1	2	3	4	5	6	7	8	9	10	11	12
应收期													
到款													
贴现													
贴现费													

款类＼月份		四年											
		1	2	3	4	5	6	7	8	9	10	11	12
应收期													
到款													
贴现													
贴现费													

附表 4-49（续）

款类＼月份		五年											
		1	2	3	4	5	6	7	8	9	10	11	12
应收期													
到款													
贴现													
贴现费													

款类＼月份		六年											
		1	2	3	4	5	6	7	8	9	10	11	12
应收期													
到款													
贴现													
贴现费													

附表 4-50　市场开发投入登记表

年度	本地市场（1y）	区域市场（1y）	国内市场（2y）	亚洲市场（3y）	国际市场（4y）	完成
第 1 年						
第 2 年						
第 3 年						
第 4 年						
第 5 年						
第 6 年						
总计						

附表 4-51　ISO 认证投资表

年度	ISO 9000	ISO 14000
第 1 年		
第 2 年		
第 3 年		
第 4 年		
第 5 年		
第 6 年		
总计		

附表 4-52　产品开发登记表

年度	P1	P2	P3	P4	总计	完成
第 1 年						
第 2 年						
第 3 年						
第 4 年						
第 5 年						
第 6 年						
总计						

附表 4-53

业务流程处理（手工+电子）		第一年												
手工流程		1	2	3	4	5	6	7	8	9	10	11	12	系统操作
提交广告方案	年初5项													输入广告确认
支付广告费														总经理缴纳
参加订货会竞单/登记订单														选单操作
新市场开拓/ISO 投资														仅年初允许操作
支付应缴税金														系统自动扣
季初现金盘点	1													产品下线，生产线完工
支付长贷利息	2													财务总监缴纳
更新长贷/长贷还款	3													财务总监缴纳
申请长贷	4													输入金额并确定
更新短贷/短贷还本付息	5													财务总监缴纳
申请短贷	6													输入金额并确定
原料入库/更新原料订单	7													需确认金额
下原料订单	8													输入并确认
购买/租用厂房	9													选择确认，自动扣现金
更新生产/完工入库	10													生产总监处理
新建/在建/转产/变卖生产线	11													选择确认
紧急采购（随时）	12													输入并确认
开始下一批生产	13													输入并确认
更新应收款/应收款收现	14													需输入到期金额
按订单交货	15													选择订单确认
产品研发投资	16													选择确认
售厂房/买转租/退租/租转买	17													选择确认，自动转应收
支付管理费/更新厂房租金	18													财务总监缴纳
出售库存（随时）	19													输入并确认
厂房贴现（随时）	20													选择确认
应收款贴现（随时）	21													输入并确认
季末收入总计	22													
季末支出总计	23													
季末对账（1+20-21）	24													
缴纳违约订单罚款	25													财务总监缴纳
支付设备维护费	26													财务总监缴纳
计提折旧	27													财务总监缴纳
新市场/ISO 换证	年末													系统自动处理
结账														

附表 4-53（续）

业务流程处理（手工+电子）		第二年												
手工流程		1	2	3	4	5	6	7	8	9	10	11	12	系统操作
提交广告方案	年初5项													输入广告确认
支付广告费														总经理缴纳
参加订货会竞单/登记订单														选单操作
新市场开拓/ISO 投资														仅年初允许操作
支付应缴税金														系统自动扣
季初现金盘点	1													产品下线，生产线完工
支付长贷利息	2													财务总监缴纳
更新长贷/长贷还款	3													财务总监缴纳
申请长贷	4													输入金额并确定
更新短贷/短贷还本付息	5													财务总监缴纳
申请短贷	6													输入金额并确定
原料入库/更新原料订单	7													需确认金额
下原料订单	8													输入并确认
购买/租用厂房	9													选择确认，自动扣现金
更新生产/完工入库	10													生产总监处理
新建/在建/转产/变卖生产线	11													选择确认
紧急采购（随时）	12													输入并确认
开始下一批生产	13													输入并确认
更新应收款/应收款收现	14													需输入到期金额
按订单交货	15													选择订单确认
产品研发投资	16													选择确认
售厂房/买转租/退租/租转买	17													选择确认，自动转应收
支付管理费/更新厂房租金	18													财务总监缴纳
出售库存（随时）	19													输入并确认
厂房贴现（随时）	20													选择确认
应收款贴现（随时）	21													输入并确认
季末收入总计	22													
季末支出总计	23													
季末对账（1+20-21）	24													
缴纳违约订单罚款	25													财务总监缴纳
支付设备维护费	26													财务总监缴纳
计提折旧	27													财务总监缴纳
新市场/ISO 换证	年末													系统自动处理
结账														

附表 4-53（续）

业务流程处理（手工+电子）		第三年												
手工流程		1	2	3	4	5	6	7	8	9	10	11	12	系统操作
提交广告方案	年初5项													输入广告确认
支付广告费														总经理缴纳
参加订货会竞单/登记订单														选单操作
新市场开拓/ISO 投资														仅年初允许操作
支付应缴税金														系统自动扣
季初现金盘点	1													产品下线，生产线完工
支付长贷利息	2													财务总监缴纳
更新长贷/长贷还款	3													财务总监缴纳
申请长贷	4													输入金额并确定
更新短贷/短贷还本付息	5													财务总监缴纳
申请短贷	6													输入金额并确定
原料入库/更新原料订单	7													需确认金额
下原料订单	8													输入并确认
购买/租用厂房	9													选择确认，自动扣现金
更新生产/完工入库	10													生产总监处理
新建/在建/转产/变卖生产线	11													选择确认
紧急采购（随时）	12													输入并确认
开始下一批生产	13													输入并确认
更新应收款/应收款收现	14													需输入到期金额
按订单交货	15													选择订单确认
产品研发投资	16													选择确认
售厂房/买转租/退租/租转买	17													选择确认，自动转应收
支付管理费/更新厂房租金	18													财务总监缴纳
出售库存（随时）	19													输入并确认
厂房贴现（随时）	20													选择确认
应收款贴现（随时）	21													输入并确认
季末收入总计	22													
季末支出总计	23													
季末对账（1+20−21）	24													
缴纳违约订单罚款	25													财务总监缴纳
支付设备维护费	26													财务总监缴纳
计提折旧	27													财务总监缴纳
新市场/ISO 换证	年末													系统自动处理
结账														

附表 4-53（续）

业务流程处理（手工+电子）		第四年												
手工流程		1	2	3	4	5	6	7	8	9	10	11	12	系统操作
提交广告方案	年初5项													输入广告确认
支付广告费														总经理缴纳
参加订货会竞单/登记订单														选单操作
新市场开拓/ISO 投资														仅年初允许操作
支付应缴税金														系统自动扣
季初现金盘点	1													产品下线，生产线完工
支付长贷利息	2													财务总监缴纳
更新长贷/长贷还款	3													财务总监缴纳
申请长贷	4													输入金额并确定
更新短贷/短贷还本付息	5													财务总监缴纳
申请短贷	6													输入金额并确定
原料入库/更新原料订单	7													需确认金额
下原料订单	8													输入并确认
购买/租用厂房	9													选择确认，自动扣现金
更新生产/完工入库	10													生产总监处理
新建/在建/转产/变卖生产线	11													选择确认
紧急采购（随时）	12													输入并确认
开始下一批生产	13													输入并确认
更新应收款/应收款收现	14													需输入到期金额
按订单交货	15													选择订单确认
产品研发投资	16													选择确认
售厂房/买转租/退租/租转买	17													选择确认，自动转应收
支付管理费/更新厂房租金	18													财务总监缴纳
出售库存（随时）	19													输入并确认
厂房贴现（随时）	20													选择确认
应收款贴现（随时）	21													输入并确认
季末收入总计	22													
季末支出总计	23													
季末对账（1+20–21）	24													
缴纳违约订单罚款	25													财务总监缴纳
支付设备维护费	26													财务总监缴纳
计提折旧	27													财务总监缴纳
新市场/ISO 换证	年末													系统自动处理
结账														

附表 4-53（续）

业务流程处理（手工+电子）		第五年												
手工流程		1	2	3	4	5	6	7	8	9	10	11	12	系统操作
提交广告方案	年初5项													输入广告确认
支付广告费														总经理缴纳
参加订货会竞单/登记订单														选单操作
新市场开拓/ISO 投资														仅年初允许操作
支付应缴税金														系统自动扣
季初现金盘点	1													产品下线，生产线完工
支付长贷利息	2													财务总监缴纳
更新长贷/长贷还款	3													财务总监缴纳
申请长贷	4													输入金额并确定
更新短贷/短贷还本付息	5													财务总监缴纳
申请短贷	6													输入金额并确定
原料入库/更新原料订单	7													需确认金额
下原料订单	8													输入并确认
购买/租用厂房	9													选择确认，自动扣现金
更新生产/完工入库	10													生产总监处理
新建/在建/转产/变卖生产线	11													选择确认
紧急采购（随时）	12													输入并确认
开始下一批生产	13													输入并确认
更新应收款/应收款收现	14													需输入到期金额
按订单交货	15													选择订单确认
产品研发投资	16													选择确认
售厂房/买转租/退租/租转买	17													选择确认，自动转应收
支付管理费/更新厂房租金	18													财务总监缴纳
出售库存（随时）	19													输入并确认
厂房贴现（随时）	20													选择确认
应收款贴现（随时）	21													输入并确认
季末收入总计	22													
季末支出总计	23													
季末对账（1+20−21）	24													
缴纳违约订单罚款	25													财务总监缴纳
支付设备维护费	26													财务总监缴纳
计提折旧	27													财务总监缴纳
新市场/ISO 换证	年末													系统自动处理
结账														

附表 4-53（续）

业务流程处理（手工+电子）		第六年												
手工流程		1	2	3	4	5	6	7	8	9	10	11	12	系统操作
提交广告方案	年初5项													输入广告确认
支付广告费														总经理缴纳
参加订货会竞单/登记订单														选单操作
新市场开拓/ISO 投资														仅年初允许操作
支付应缴税金														系统自动扣
季初现金盘点	1													产品下线，生产线完工
支付长贷利息	2													财务总监缴纳
更新长贷/长贷还款	3													财务总监缴纳
申请长贷	4													输入金额并确定
更新短贷/短贷还本付息	5													财务总监缴纳
申请短贷	6													输入金额并确定
原料入库/更新原料订单	7													需确认金额
下原料订单	8													输入并确认
购买/租用厂房	9													选择确认，自动扣现金
更新生产/完工入库	10													生产总监处理
新建/在建/转产/变卖生产线	11													选择确认
紧急采购（随时）	12													输入并确认
开始下一批生产	13													输入并确认
更新应收款/应收款收现	14													需输入到期金额
按订单交货	15													选择订单确认
产品研发投资	16													选择确认
售厂房/买转租/退租/租转买	17													选择确认，自动转应收
支付管理费/更新厂房租金	18													财务总监缴纳
出售库存（随时）	19													输入并确认
厂房贴现（随时）	20													选择确认
应收款贴现（随时）	21													输入并确认
季末收入总计	22													
季末支出总计	23													
季末对账（1+20−21）	24													
缴纳违约订单罚款	25													财务总监缴纳
支付设备维护费	26													财务总监缴纳
计提折旧	27													财务总监缴纳
新市场/ISO 换证	年末													系统自动处理
结账														

财务管理沙盘实验

（约创沙盘：手工+电子版）

学生手册—生产部经理专用

组　　号：________________

公司名称：________________

院系班级：________________

姓　　名：________________

附表 4-54 生产计划及采购计划编制（第一年）

第一年	1 月			2 月			3 月			4 月		
生产线												
产品												
材料												
第一年	5 月			6 月			7 月			8 月		
生产线												
产品												
材料												
第一年	9 月			10 月			11 月			12 月		
生产线												
产品												
材料												

附表 4-55 生产计划及采购计划编制（第二年）

第二年	1月			2月			3月			4月		
生产线												
产品												
材料												
第二年	5月			6月			7月			8月		
生产线												
产品												
材料												
第二年	9月			10月			11月			12月		
生产线												
产品												
材料												

附表 4-56　生产计划及采购计划编制（第三年）

第三年	1 月			2 月			3 月			4 月		
生产线												
产品												
材料												
第三年	5 月			6 月			7 月			8 月		
生产线												
产品												
材料												
第三年	9 月			10 月			11 月			12 月		
生产线												
产品												
材料												

附表 4-57 生产计划及采购计划编制（第四年）

第四年	1月			2月			3月			4月		
生产线												
产品												
材料												
第四年	5月			6月			7月			8月		
生产线												
产品												
材料												
第四年	9月			10月			11月			12月		
生产线												
产品												
材料												

附表 4-58　生产计划及采购计划编制（第五年）

第五年	1 月			2 月			3 月			4 月		
生产线												
产品												
材料												
第五年	5 月			6 月			7 月			8 月		
生产线												
产品												
材料												
第五年	9 月			10 月			11 月			12 月		
生产线												
产品												
材料												

附表 4-59　生产计划及采购计划编制（第六年）

第六年	1月			2月			3月			4月		
生产线												
产品												
材料												
第六年	5月			6月			7月			8月		
生产线												
产品												
材料												
第六年	9月			10月			11月			12月		
生产线												
产品												
材料												

财务管理沙盘实验

（约创沙盘：手工+电子版）

学生手册—采购部经理专用

组　　号：____________________

公司名称：____________________

院系班级：____________________

姓　　名：____________________

附表 4-60 原材料采购及付款登记表

第一年	1月				2月				3月				4月			
原材料	R1	R2	R3	R4	R1	R2	R3	R4	R1	R2	R3	R4	R1	R2	R3	R4
订购数量																
采购入库																
应付材料款																
第一年	5月				6月				7月				8月			
原材料	R1	R2	R3	R4	R1	R2	R3	R4	R1	R2	R3	R4	R1	R2	R3	R4
订购数量																
采购入库																
应付材料款																
第一年	9月				10月				11月				12月			
原材料	R1	R2	R3	R4	R1	R2	R3	R4	R1	R2	R3	R4	R1	R2	R3	R4
订购数量																
采购入库																
应付材料款																

附表 4-60（续）

第二年	1月				2月				3月				4月			
原材料	R1	R2	R3	R4	R1	R2	R3	R4	R1	R2	R3	R4	R1	R2	R3	R4
订购数量																
采购入库																
应付材料款																
第二年	5月				6月				7月				8月			
原材料	R1	R2	R3	R4	R1	R2	R3	R4	R1	R2	R3	R4	R1	R2	R3	R4
订购数量																
采购入库																
应付材料款																
第二年	9月				10月				11月				12月			
原材料	R1	R2	R3	R4	R1	R2	R3	R4	R1	R2	R3	R4	R1	R2	R3	R4
订购数量																
采购入库																
应付材料款																

附表 4-60（续）

第三年	1月				2月				3月				4月			
原材料	R1	R2	R3	R4	R1	R2	R3	R4	R1	R2	R3	R4	R1	R2	R3	R4
订购数量																
采购入库																
应付材料款																
第三年	5月				6月				7月				8月			
原材料	R1	R2	R3	R4	R1	R2	R3	R4	R1	R2	R3	R4	R1	R2	R3	R4
订购数量																
采购入库																
应付材料款																
第三年	9月				10月				11月				12月			
原材料	R1	R2	R3	R4	R1	R2	R3	R4	R1	R2	R3	R4	R1	R2	R3	R4
订购数量																
采购入库																
应付材料款																

附表 4-60（续）

第四年	1月				2月				3月				4月			
原材料	R1	R2	R3	R4	R1	R2	R3	R4	R1	R2	R3	R4	R1	R2	R3	R4
订购数量																
采购入库																
应付材料款																
第四年	5月				6月				7月				8月			
原材料	R1	R2	R3	R4	R1	R2	R3	R4	R1	R2	R3	R4	R1	R2	R3	R4
订购数量																
采购入库																
应付材料款																
第四年	9月				10月				11月				12月			
原材料	R1	R2	R3	R4	R1	R2	R3	R4	R1	R2	R3	R4	R1	R2	R3	R4
订购数量																
采购入库																
应付材料款																

附表 4-60（续）

第五年	1月				2月				3月				4月			
原材料	R1	R2	R3	R4	R1	R2	R3	R4	R1	R2	R3	R4	R1	R2	R3	R4
订购数量																
采购入库																
应付材料款																
第五年	5月				6月				7月				8月			
原材料	R1	R2	R3	R4	R1	R2	R3	R4	R1	R2	R3	R4	R1	R2	R3	R4
订购数量																
采购入库																
应付材料款																
第五年	9月				10月				11月				12月			
原材料	R1	R2	R3	R4	R1	R2	R3	R4	R1	R2	R3	R4	R1	R2	R3	R4
订购数量																
采购入库																
应付材料款																

附表 4-60（续）

第六年	1 月				2 月				3 月				4 月			
原材料	R1	R2	R3	R4	R1	R2	R3	R4	R1	R2	R3	R4	R1	R2	R3	R4
订购数量																
采购入库																
应付材料款																
第六年	5 月				6 月				7 月				8 月			
原材料	R1	R2	R3	R4	R1	R2	R3	R4	R1	R2	R3	R4	R1	R2	R3	R4
订购数量																
采购入库																
应付材料款																
第六年	9 月				10 月				11 月				12 月			
原材料	R1	R2	R3	R4	R1	R2	R3	R4	R1	R2	R3	R4	R1	R2	R3	R4
订购数量																
采购入库																
应付材料款																